I0815484

DUTCH ARCHITECTS TODAY

Lannoo

Gemeente Delft
Delft

Delft

AN 17 40 NO

INLEIDING

De rijke geschiedenis van de Nederlandse architectuur is niet alleen een bron van inspirerend erfgoed, maar ook een hoge standaard voor toekomstige generaties ontwerpers. Nederlandse architecten staan erom bekend dat zij ingenieuze functionele oplossingen in hun projecten wisten te integreren zonder de esthetiek van de gebouwen aan te tasten, bijvoorbeeld door grote openingen aan te brengen die het gebrek aan natuurlijk licht compenseren en tegelijk bijdragen aan de schoonheid van een gevel. Het ontwikkelen van nieuwe ideeën en methoden behoort tot het DNA van Nederlandse architecten. Ook de projecten van het afgelopen decennium getuigen van de veelzijdigheid van hun technologische en formele innovaties. Ten aanzien van de problemen die het gevolg zijn van de klimaatcrisis - met name vooral de stijgende waterstanden - wordt duurzaamheid een cruciaal element bij het ontwerpen van nieuwe gebouwen. Veel architecten werken met biobased materialen, exploreren diverse technologische mogelijkheden en experimenteren met heel vooruitstrevende concepten zoals drijvende kantoren of woningen.

Een veelbelovend perspectief op een betere en milieuvriendelijkere toekomst is te vinden in de zorgvuldige revitalisatie van bestaande architectuur - een trend die zich bij uitstek in Nederland manifesteert. Oude panden krijgen niet alleen een nieuw leven, vaak op spectaculaire wijze, maar ze worden ook op een originele manier met hedendaagse elementen verrijkt. Deze benadering blijft niet beperkt tot afzonderlijke gebouwen, bijvoorbeeld pakhuizen die tot ruime appartementen worden omgevormd of historische musea die indrukwekkende uitbreidingen krijgen, maar wordt ook toegepast in de stedenbouw. Enerzijds dijen veel Nederlandse steden snel uit, terwijl hun densiteit eveneens toeneemt, anderzijds komen er postindustriële zones, waaronder voormalige havengebieden, beschikbaar. Deze havengebieden worden vandaag op een boeiende manier gerevitaliseerd en omgevormd tot dynamische nieuwe wijken met een combinatie van publieke en private architectuur. Het zijn complexe, ambitieuze projecten die het potentieel bezitten om de stedelijke omgeving radicaal te veranderen. Door te vertrekken van bestaande architectuur, liever dan voor totale nieuwbouw te kiezen, geven de architecten blijk van een verantwoordelijke houding tegenover het milieu. Gebaseerd op een langetermijnvisie met architectuur en stadsplanning als essentiële pijlers zal deze filosofie de Nederlandse steden versterken en ze nog levendigere plekken maken om te wonen en te werken.

Dit boek biedt een overzicht van veertig inspirerende architectenbureaus, gevestigd in Nederland en vaak internationaal actief. De architecten die op deze bladzijden worden gepresenteerd - zowel gevestigde namen als opkomende talenten - geven vorm aan de toekomst van hun voortdurend evoluerende vakgebied. In hun multidisciplinaire werk tonen ze niet alleen wat vandaag de dag belangrijk is bij het bouwen, maar banen ze op een doordachte, vindingrijke en duurzame manier ook nieuwe wegen. Onze dank gaat uit naar allen die aan dit project hebben meegewerkt, van de architecten tot de fotografen, omdat zij deze architectonische ontdekkingsreis mogelijk én bijzonder boeiend hebben gemaakt.

ATELIER PRO ARCHITEKTEN

BARCODE ARCHITECTS

BEDAUX DE BROUWER ARCHITECTEN

BENTHEM CROUWEL ARCHITECTS

BRIGHTSIDE ARCHITECTS

CIVIC ARCHITECTS

CONCRETE AMSTERDAM

DE ARCHITEKTEN CIE.

DE ZWARTE HOND

DERKSEN|WINDT ARCHITECTEN

DIEDERENDIRRIX

DOK ARCHITECTEN

FARO

GROUP A

HILBERINKBOSCH ARCHITECTEN

HOFMANDUJARDIN

INBO

KAAN ARCHITECTEN

KCAP

LEVS ARCHITECTEN

MARCEL LOK_ARCHITECT

MECANOO

MVRDV

MVSA ARCHITECTS

NEUTELINGS RIEDIJK ARCHITECTS

NEXT ARCHITECTS

OFFICE WINHOV

OMA

ORANGE ARCHITECTS

PAUL DE RUITER ARCHITECTS

POWERHOUSE COMPANY

RENÉ VAN ZUUK ARCHITECTS

RONALD JANSSEN ARCHITECTEN

SPACE&MATTER

TEAM V

UNSTUDIO

VAN HOOGEVEST ARCHITECTEN

WE ARCHITECTEN

WIEL ARETS ARCHITECTS

ZJA ARCHITECTS & ENGINEERS

ARCHITECTS

ATELIER PRO ARCHITEKTEN

Photo Mădălina Băghiceanu

Atelier PRO is a The Hague-based architecture firm founded in 1976, which has successfully completed more than a thousand projects to date. The firm intentionally works on socially engaged projects: homes and offices, buildings for care and education, with a cultural and social function. What characterises all these projects are the surprising designs that build connections: designs that leave room for interaction, that develop and evolve with use, designed with sustainability in mind because the office wants to leave a better world for future generations. With a team of enthusiastic professionals, atelier PRO has all the necessary knowledge and expertise from chair to city and from sketch to building.
As an architectural firm with more than 40 years of experience, atelier PRO knows what it stands for: architecture that connects people, buildings, and the environment, that is worth nurturing and preserving, that is sustainable and timeless. As they clearly state: 'we believe in the connecting power of architecture'.

Atelier PRO is een architectenbureau uit Den Haag dat is opgericht in 1976, en dat sindsdien meer dan duizend projecten succesvol heeft afgerond. Het bureau werkt bewust aan betrokken projecten: woningen en kantoren, gebouwen voor zorg en onderwijs, met een culturele en maatschappelijke functie. Wat al deze projecten kenmerkt zijn de verrassende ontwerpen die verbindingen leggen: ontwerpen die ruimte laten voor interactie, die zich ontwikkelen en die meekleuren met het gebruik, uitgewerkt met oog voor duurzaamheid – want het bureau laat graag een betere wereld achter voor de komende generaties. Met een team bevlogen vakmensen heeft atelier PRO daarbij alle kennis en kunde in huis, van stoel tot stad en van schets tot gebouw. Als architectenbureau met meer dan 40 jaar ervaring weet atelier PRO waar het voor staat: voor architectuur die mens, gebouw en omgeving verbindt, die het waard is om te verzorgen en te behouden, die duurzaam en tijdloos is. Zoals ze zelf stellen: 'wij geloven in de verbindende kracht van architectuur'.

VOSHOLEN CHILD CENTRE

Hoogezand, The Netherlands, 2020

This distinctive, red-orange brick child centre is located in a park-like residential neighbourhood and made of two interconnected volumes with a listed old boiler house with a tall chimney in the middle. The masonry façades are an echo of the agricultural heritage of the region, while the interiors are thoughtfully planned with a great sense of flexibility. The monolithic building is sustainable and completely earthquake-proof.

Dit karakteristieke, oranjerood bakstenen kindcentrum is gelegen in een parkachtige woonwijk en bestaat uit twee gekoppelde volumes met daartussen een oud ketelhuis - een gemeentelijk monument - met een hoge schoorsteen. De gemetselde gevels verwijzen naar het agrarische erfgoed van de omgeving, terwijl het interieur zorgvuldig is gepland om een flexibel gebruik van de ruimtes mogelijk te maken. Het monolithisch ogende gebouw is duurzaam en volledig aardbevingsbestendig.

Photo Petra Appelhof

OFFICE EDGE STADIUM

Amsterdam, The Netherlands, 2023

A building designed by atelier PRO in 2001 has been exemplarily renovated and transformed by the firm in 2023 into a modern, inspiring, and healthy working environment. The goal to make it even more sustainable was realised through natural materials, high air quality, a plan to maximise daylight, and greenery, with smart technological measures playing a supporting yet important role. Highly accessible, it is well connected with the surrounding infrastructure.

Een gebouw dat in 2001 door atelier PRO is ontworpen, is door het bureau in 2023 op voorbeeldige wijze gerenoveerd en omgetoverd tot een moderne, inspirerende en gezonde werkomgeving. De opdracht om het gebouw nog duurzamer te maken, werd gerealiseerd door het gebruik van natuurlijke materialen, het verhogen van de luchtkwaliteit, het maximaliseren van het daglicht en een weelderige beplanting; slimme technologische maatregelen speelden een ondersteunende maar belangrijke rol. Het gebouw is zeer toegankelijk en goed verbonden met de omliggende infrastructuur.

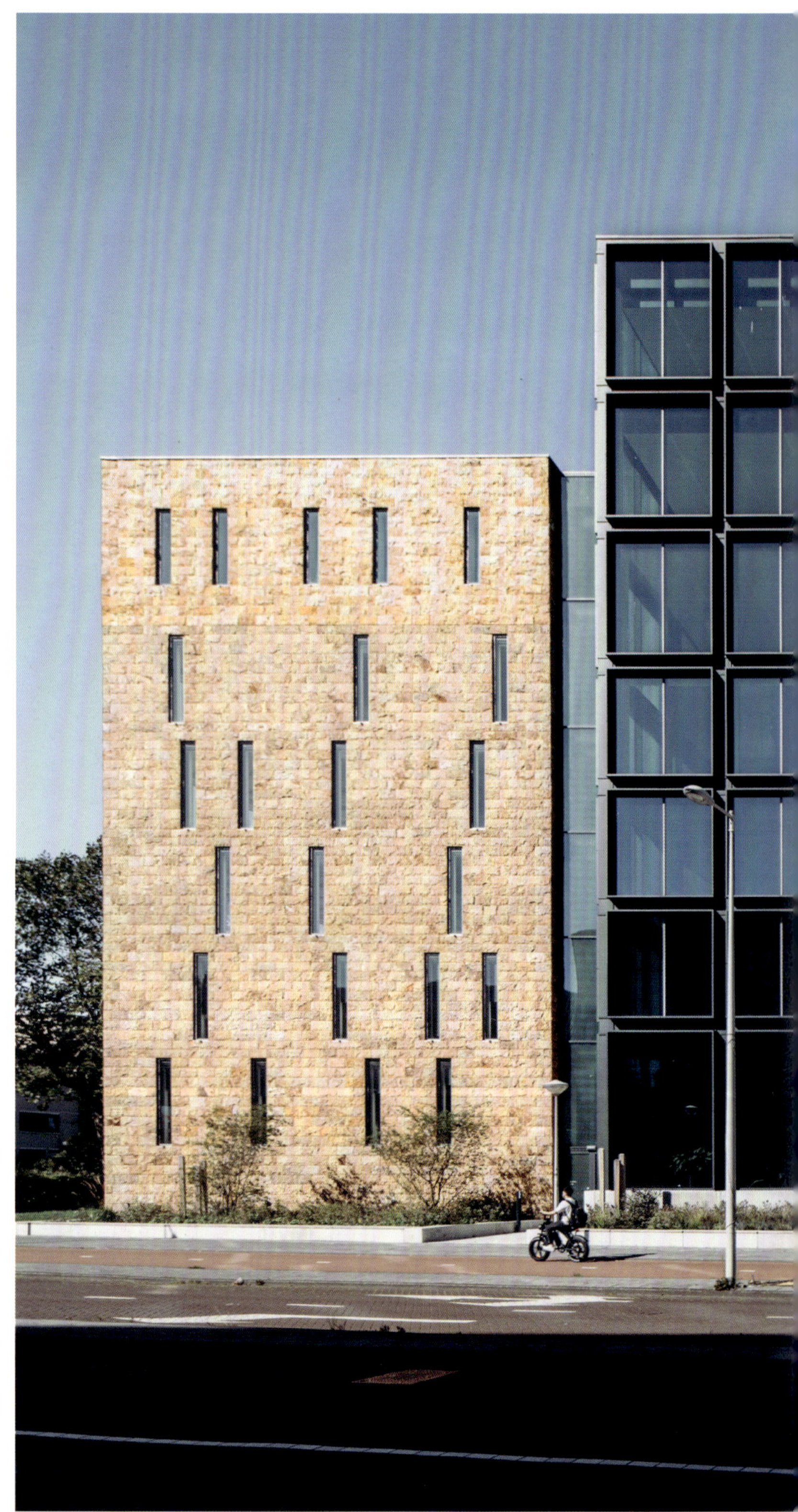

Photo Eva Bloem

Photo Eva Bloem

Photo Eva Bloem

THE BRITISH SCHOOL OF AMSTERDAM

Amsterdam, The Netherlands, 2021

In collaboration with Van Hoogevest Architecten, atelier PRO transformed a former prison into a remarkable school building. In flipping around the building's function and making it a place 'where everyone wants to stay', the architects removed older additions, restored four wings of the original panopticon, and supplemented them with a new construction. The cells received extra windows and have been interconnected to create larger spaces.

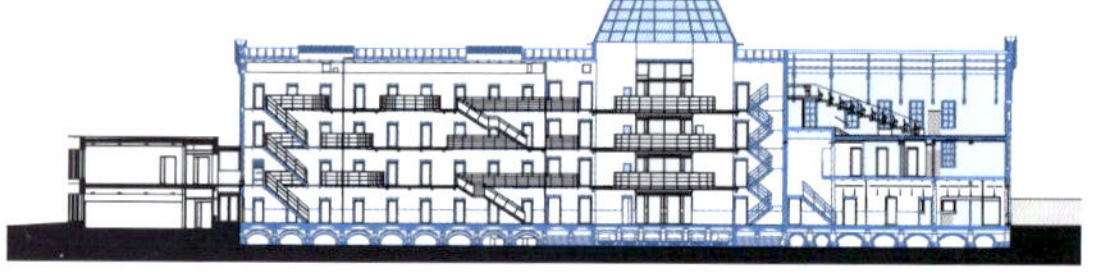

In samenwerking met Van Hoogevest Architecten transformeerde atelier PRO een voormalige gevangenis tot een bijzonder schoolgebouw. Om de functie van het gebouw om te draaien en er een plek van te maken 'waar iedereen wil blijven', verwijderden de architecten latere aanbouwen, restaureerden ze de vier vleugels van het oorspronkelijke panopticum en vulden ze aan met nieuwbouw. De cellen werden met elkaar verbonden om grotere ruimtes te creëren en kregen extra ramen.

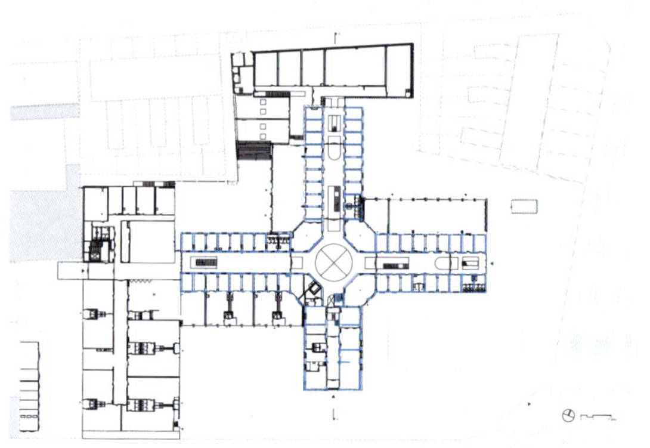

Photo Eva Bloem

BARCODE ARCHITECTS

Photo Barcode Architects

Led by Dirk Peters, the international office for architecture, urbanism, and contemporary design, Barcode Architects is based in Rotterdam's Maritime District. In designing urban masterplans, public buildings, and high-quality residential and office towers, as well as exclusive villas, the architects keenly experiment with function and form. Envisioned to sit perfectly within their context, the projects are also intended to have an unexpected twist. According to the studio, architecture should move people as well as inspire a sense of aesthetics. Their ultimate goal is to design spaces and places that 'revitalise and transform their environment', improving upon it by offering added value. The studio realises many high-rise projects confronting the demand for more housing and other functions in light of cities facing spatial limits. The studio founder strongly believes that high-rise buildings should not be located randomly but in dedicated areas and grouped together to contribute to a vibrant neighbourhood.

Het internationale bureau voor architectuur, stedenbouw en hedendaags design Barcode Architects staat onder leiding van Dirk Peters en is gevestigd in het Maritiem District van Rotterdam. Bij het ontwerpen van stedenbouwkundige masterplannen, openbare gebouwen, hoogwaardige woon- en kantoortorens en exclusieve villa's experimenteren de architecten enthousiast met functie en vorm. Zij streven ernaar om hun projecten perfect in de omgeving te integreren, maar steeds met een onverwachte twist. Volgens de studio moet architectuur mensen aanspreken en hun esthetische gevoel stimuleren. Hun uiteindelijke doel is om ruimtes en plaatsen te ontwerpen die 'hun omgeving tot leven brengen en transformeren', en die te verbeteren door de toegevoegde waarde van hun creaties. Barcode Architects realiseert veel hoogbouwprojecten die inspelen op de nood aan meer woningen en andere functies in steden die geconfronteerd worden met hun ruimtelijke grenzen. De oprichter van de studio is ervan overtuigd dat hoogbouw niet willekeurig moet worden geplaatst, maar in specifieke gebieden en gegroepeerd om bij te dragen aan een levendige buurt.

BARTOK

Arnhem, The Netherlands, 2018

The playful volume of this apartment complex fills a corner plot in the most striking way. Aligned with the surrounding historic buildings and residential blocks from the 1970s, Bartok adds a contemporary flair to this urban landscape, creating an interesting connection between old and new. The dynamic grid of the outer shell is defined by numerous originally shaped, protruding windows.

Het speelse volume van dit appartementencomplex vult het hoekperceel op een heel opvallende manier. Goed geïntegreerd in dit stedelijke landschap met zijn kleinere historische gebouwen zowel als woonblokken uit de jaren 1970, zorgt Bartok met zijn eigentijdse flair voor een interessante verbinding tussen oud en nieuw. Het dynamische raster van de buitenschil wordt bepaald door de talrijke opvallend gevormde ramen, waarvan sommige uit de gevel naar voren springen.

Photo Christian Maijstre

Vossenstraat
TE HUUR
willemsen
026 - 445 27 51 >>

Photo Hans Wilschut

THE MUSE AND CASANOVA

Rotterdam, The Netherlands, 2020 / 2023

These two originally twisted residential towers have been designed in synergy with each other yet are quite different. They share many common spaces including a collective rooftop garden, meeting rooms, and a fitness area. The objective was to provide for comfortable inner-city living and numerous places for social interaction. The sculpted façades fill the apartments with natural light thanks to numerous openings.

Deze twee opvallend vormgegeven woontorens zijn in synergie met elkaar ontworpen, maar toch zijn ze heel verschillend. Ze delen veel gemeenschappelijke ruimtes, waaronder de daktuin die beide gebouwen met elkaar verbindt, vergaderzalen en een fitnessruimte. Het doel was om te zorgen voor comfortabel binnenstedelijk wonen met tal van plekken voor sociale interactie. Dankzij de vele openingen in de als het ware gebeeldhouwde gevels genieten de appartementen volop van het natuurlijke licht.

Photo Barcode Architects

Photos Hans Wilschut

Photo Ossip van Duivenbode

SLUISHUIS

Amsterdam, The Netherlands, 2022

Sluishuis – realised in collaboration with BIG, Bjarke Ingels Group – is 'a contemporary translation of the typology of the Amsterdam building block that responds specifically to its special location in the water,' explain the architects, who introduced numerous sustainable solutions. The inventively shaped volume, literally suspended over the water, interacts dynamically with the context, including through its outdoor spaces and the aluminium façade reflecting the water.

Sluishuis werd gerealiseerd in samenwerking met BIG, Bjarke Ingels Group. Het is 'een eigentijdse vertaling van de typologie van de Amsterdamse bouwstijl die specifiek beantwoordt aan de bijzondere ligging in het water', aldus de architecten, die in dit project tal van duurzame oplossingen introduceerden. Het ingenieus vormgegeven volume, dat letterlijk boven het water hangt, gaat een dynamische interactie aan met de omgeving, onder meer door de buitenruimtes en de aluminium gevel, die het water weerkaatst.

Photo Hans Wilschut

BEDAUX DE BROUWER ARCHITECTEN

Photo Bedaux de Brouwer Architecten

Bedaux de Brouwer Architecten is a Dutch practice based in Tilburg that aims to make valuable and long-lasting places that are harmonious with their environment, and are cherished and passed on by their users: buildings that are designed with a context-conscious approach drawn from the location's history and, as a result, enriching their surroundings. Initiating a dialogue between pre-existing and newly built architecture, the studio seeks to create a harmonious blend and natural transitions. The practice was established by Jos. Bedaux in 1937, who designed hundreds of buildings that prioritise protective intimacy for their users and employ traditional materials. His legacy is being continued until this day. With a meticulous eye for details, the architects tend to employ materials in their pure form, which enhances the language of the geometric forms defining their buildings. Sustainability is set as the starting point of each design process to deliver high-quality and intelligent structures. All these principles are also observed for their renovation and preservation projects, which are swiftly adjusted to today's requirements.

Bedaux de Brouwer Architecten is een Nederlands bureau gevestigd in Tilburg. De belangrijkste doelstelling van het bureau is waardevolle en duurzame plekken te creëren die in harmonie zijn met hun omgeving en daardoor gekoesterd en doorgegeven worden door de mensen die er gebruik van maken: gebouwen die vanuit een contextbewuste benadering zijn ontworpen, rekening houdend met de geschiedenis van de plek, en die daardoor hun omgeving verrijken. Door een dialoog tot stand te brengen tussen bestaande en nieuwgebouwde architectuur streeft het bureau naar een harmonieuze mix en natuurlijke overgangen. Jos. Bedaux richtte in 1937 zijn praktijk in Goirle op, vanwaaruit hij honderden gebouwen ontwierp waarin beschermende geborgenheid voor de gebruikers centraal staat en traditionele materialen worden toegepast. Zijn nalatenschap wordt tot op vandaag voortgezet. De architecten hebben een scherp oog voor detail en kiezen vaak voor materialen in hun pure vorm, wat de geometrische vormentaal die hun gebouwen karakteriseert, versterkt. Duurzaamheid vormt het uitgangspunt van elk ontwerpproces om kwalitatief hoogstaande en intelligente structuren te realiseren. Dezelfde principes hanteert het bureau ook bij zijn renovatie- en instandhoudingsprojecten, die steeds aan de eisen van vandaag worden aangepast.

MUSEUM SINGER LAREN

Laren, The Netherlands, 2022

The new wing designed for the Nardinc art collection of Els and Jaap Blokker belongs to a distinctive yet natural part of the Museum Singer Laren. This extension, comprising museum galleries and a garden room, embraces the scenic garden designed by Piet Oudolf and creates an intimate space with a smooth inside-outside connection. The masonry façades of the extension are a continuation of the existing museum.

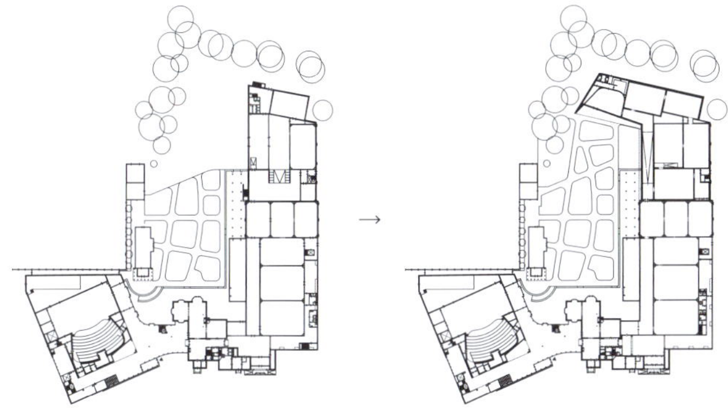

De nieuwe vleugel, ontworpen voor de Nardinc-kunstcollectie van Els en Jaap Blokker, vormt een eigenzinnig maar toch vanzelfsprekend onderdeel van het Museum Singer Laren. Deze uitbreiding, die museumzalen en een tuinkamer omvat, omarmt de schilderachtige tuin van Piet Oudolf en creëert een huiselijke ruimte met een vloeiende overgang tussen binnen en buiten. De bakstenen gevels en hellende daken van de uitbreiding zijn een continuering van het bestaande museum.

Photo Karin Borghouts

KANTONGERECHT
Tilburg, The Netherlands, 2023

Recently, the studio got the opportunity to transform the former Kantongerecht in Tilburg, which takes up an important place in the oeuvre of founder Jos. Bedaux. The original design was taken as the starting point for the transformation. The building was restored to its original state, including the elimination of changes made through the years. The few new interventions were done to create visual connections and to improve sustainability standards. Additions were materialised in coherence with the existing palette within the idiom of Jos. Bedaux. The studio has now taken office in the transformed Kantongerecht.

Recent kreeg het bureau de kans om het voormalig Kantongerecht in Tilburg, een belangrijk gebouw in het oeuvre van oprichter Jos. Bedaux, te transformeren tot een bedrijfsverzamelgebouw. De aanwezige kwaliteiten van het originele ontwerp waren het startpunt voor de transformatie. Het gebouw is in originele staat teruggebracht, door het te ontdoen van de door de jaren ontstane verrommeling. De incidentele ingrepen zijn gedaan om visuele connecties te creëren en om het gebouw te verduurzamen. Toevoegingen zijn uitgevoerd binnen het bestaande materialenpalet, dat binnen het idioom van Jos. Bedaux veelvuldig werd toegepast. Het bureau houdt nu kantoor in het getransformeerde Kantongerecht.

Photo René de Wit

Photo Michel Kievits

ENGELSE PARK

Groningen, The Netherlands, 2022

This residential complex set in the context of Engelse Park focuses on high-quality living in harmony with the surrounding nature. The 95 homes with internal backyards fit perfectly into the landscape and are interconnected by numerous paths enhancing social interactions. The traditional brick aesthetics is given a contemporary twist and sustainable update, including solar panels, heat pumps, nature-inclusive elements, and rainwater harvesting.

Dit wooncomplex – drie bouwblokken die zorgvuldig zijn ingepast in het Engelse Park – is gericht op kwalitatief wonen in connectie met de omliggende natuur. In totaal omvat het project 95 woningen met binnentuinen. Ze zijn perfect geïntegreerd in het landschap en onderling verbonden door talrijke paden, waardoor de sociale interactie wordt versterkt. De traditionele baksteenesthetiek kreeg een hedendaagse twist en een duurzame update met onder meer zonnepanelen, warmtepompen, natuurinclusieve elementen en hemelwateropvang.

BENTHEM CROUWEL ARCHITECTS

Photo Maarten van Schaik

Founded in 1979 by Jan Benthem and Mels Crouwel, the company quickly gained recognition by working on the masterplan for Amsterdam Airport Schiphol. Today it is led by four partners, Pascal Cornips, Daniel Jongtien, Saartje van der Made, and Joost Vos. The Diemen-based Benthem Crouwel LAB has four principles - to be innovative, connective, responsible, and mixed. The studio's portfolio indeed presents a wide range of scales and types, while their innovations provide environmentally friendly solutions. Whether designing buildings, public spaces, or infrastructure, the team, working internationally, makes sure each project is well integrated with the context and results in long-term value as well as improvement. Their realisations have the power of interweaving new or transformed architecture seamlessly into the surroundings. The architects' main goal, however, is to make buildings that are not only exciting but that people can also connect with. Their method of enhancing the users' experience is driven by extensive research and often also consultations with future users.

In 1979 opgericht door Jan Benthem en Mels Crouwel, verwierf dit architectenbureau al snel bekendheid door de opdracht voor het masterplan voor Amsterdam Airport Schiphol. Tegenwoordig wordt het geleid door vier partners: Pascal Cornips, Daniel Jongtien, Saartje van der Made en Joost Vos. De architectuur van het in Diemen gevestigde Benthem Crouwel LAB is gebaseerd op vier principes: vernieuwing, verbinding, verantwoordelijkheid en variatie. Het internationale portfolio van de studio bevat dan ook een breed gamma aan zowel groot- als kleinschalige projecten in allerlei vormen. Of het nu gaat om het ontwerpen van gebouwen, publieke ruimtes of infrastructuur, het team zorgt ervoor dat elk project goed is geïntegreerd in de context en resulteert in verbetering en waarde op lange termijn. Hun realisaties hebben het vermogen om nieuwe of getransformeerde architectuur naadloos te verweven met de omgeving. Het belangrijkste doel van de architecten is echter om gebouwen te maken die niet alleen spannend zijn, maar waar mensen zich ook mee kunnen verbinden. Hun methode om de gebruikerservaring te verbeteren is gebaseerd op uitgebreid onderzoek en vaak ook overleg met toekomstige gebruikers.

DUTCH CHARITY LOTTERIES OFFICE BUILDING

Amsterdam, The Netherlands, 2019

An empty office building transformed into the new headquarters of the Dutch Charity Lotteries was designed in consultation with the future users. They wished to take the greenery from the old location with them and the architects evoked the plant life atmospherically with the canopy and tree-like columns in the atrium as well as the foliage-like roof. Some of the materials from the old building were reused, while all the new materials of this energy-positive building are sustainable and recyclable.

Een leegstaand kantoorgebouw werd door Benthem Crouwel Architects omgebouwd tot nieuw hoofdkantoor van de Nederlandse Goede Doelen Loterijen. Het ontwerp kwam tot stand in samenspraak met de toekomstige gebruikers. Belangrijk was dat ze graag het groen en de natuur van hun oude locatie wilden meenemen. De architecten zorgden voor een sfeervolle evocatie van de plantenwereld door de luifel, de boomvormige kolommen en het dak dat aan gebladerte doet denken. Een deel van de materialen uit het oude gebouw werd hergebruikt, terwijl alle nieuwe materialen van dit energiepositieve gebouw duurzaam en recycleerbaar zijn.

Photo Jannes Linders

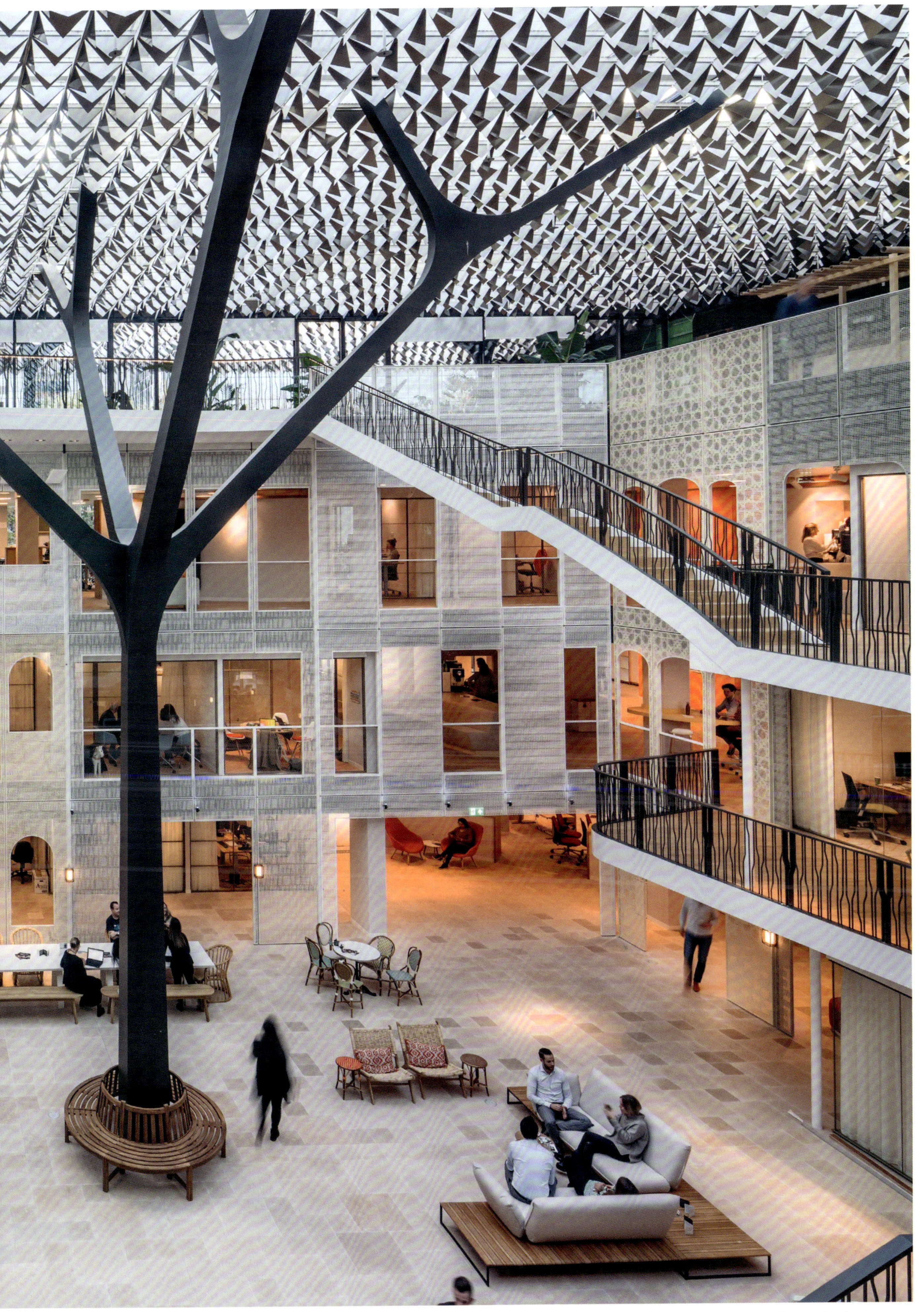

Photo Jannes Linders

MUSEUM ARNHEM

Arnhem, The Netherlands, 2022

This project combines a restoration of the Cornelis Outshoorn building from 1873 with a newly built extension. The entirely open historical part is now a café, while the exhibitions have moved to the new wing, which interacts with the surroundings through panoramic openings and a cantilever over the moraine. Visitors not only enjoy the museum collection but also engage with the landscape.

Dit project behelsde de restauratie van het Cornelis Outshoorngebouw uit 1873 en het ontwerp van een nieuwe aanbouw. Het volledig open historische deel is nu een café, terwijl de collectie en tentoonstellingen zijn verhuisd naar de nieuwe vleugel. Deze staat in wisselwerking met de omgeving door panoramische openingen en door de overstek over de door een gletsjer ontstane stuwwal. Bezoekers genieten niet alleen van de museumcollectie, maar ook van de beeldentuin en het omliggende landschap.

Photos Jannes Linders

ING OFFICE CEDAR

Amsterdam, The Netherlands, 2019

A complex of two five-storey buildings connected by a glass footbridge not only offers comfortable and flexible office spaces but also transforms the neighbourhood. By placing the dynamic yet light volumes at the back of the plot, the architects gained an expansive green public space with numerous paths for pedestrians and cyclists, which creates an attractive environment for residents, users, and visitors. The project was realised in collaboration with HofmanDujardin studio.

Dit complex van twee gebouwen van vijf verdiepingen, verbonden door een glazen luchtbrug, biedt niet alleen comfortabele en flexibele kantoorruimtes, maar transformeert ook de buurt. Door de dynamische, maar transparante volumes naar de rand van het perceel te schuiven, creëerden de architecten een weidse openbare groene zone met tal van paden voor voetgangers en fietsers. Zo werd zowel voor de medewerkers als voor bezoekers en omwonenden een aantrekkelijke omgeving gecreëerd. Dit project werd gerealiseerd in samenwerking met HofmanDujardin studio.

Photo Jannes Linders

BRIGHTSIDE ARCHITECTS

Photo Emiel Lops

Based in Rotterdam, Brightside Architects (formerly Personal Architecture) is committed to designing high-quality architectural structures and strategies for a well-planned transition towards a sustainable and socially secure living environment. Founded and led by Sander van Schaik and Maarten Polkamp, the studio works across a broad range of typologies, including hotels, large-scale residential projects, and the redevelopment of monumental and historical buildings - always with the conviction that architecture should serve its users while respecting its surroundings. Future-proof design is at the heart of Brightside Architects' work, incorporating passive building principles, minimising carbon footprints, and integrating bio-based solutions. Their vision is encapsulated in the guiding principle behind every project: 'Daring designs, healthy buildings, happy people.' Brightside Architects embraces innovation as a means to optimise both design and process, continuously developing and implementing new technologies - virtual reality (VR), virtual tours, and an internally developed information-sharing platform are just a few examples. Motivated by the ambition to prove that architecture can be future-proof, high-quality, and profitable at the same time, the firm develops select projects through its in-house development branch.

Brightside Architects, gevestigd in Rotterdam en ooit geboren als Personal Architecture, ontwerpt hoogwaardige architectuur en ontwikkelt strategieën voor een goed doordachte transitie naar een duurzame en sociaal veilige leefomgeving. Onder leiding van Sander van Schaik en Maarten Polkamp werkt het bureau aan een breed scala aan projecten, van hotels en grootschalige woningbouw tot de herontwikkeling van rijksmonumentale gebouwen. Duurzaam en toekomstbestendig ontwerpen vormt de kern van het werk van Brightside Architects. Het bureau past principes van passief bouwen toe, minimaliseert de ecologische voetafdruk van hun ontwerpen en integreert zo veel mogelijk biobased oplossingen. Die visie komt samen in hun leidende principe: 'Daring designs, healthy buildings, happy people.' Innovatie speelt een sleutelrol in zowel ontwerp als proces. Brightside Architects ontwikkelt en implementeert voortdurend nieuwe technologieën, zoals virtual reality (VR), virtual tours of een intern ontwikkeld platform voor informatie-uitwisseling. Met een sterke ambitie om te bewijzen dat architectuur tegelijkertijd toekomstbestendig, hoogwaardig én rendabel kan zijn, realiseert het bureau specifieke projecten ook via zijn eigen ontwikkelafdeling.

OP DE HILL

Rotterdam, The Netherlands, 2020

The main objective of this project was to create seven energy-efficient homes to replace a row of partially collapsed terraced houses while ensuring seamless integration into the urban fabric. Inspired by local architecture, the new volume – clad in intricate brickwork – sits naturally on its corner plot. The architects were not only responsible for the design but also played a key role in the project's development in collaboration with HappyCity. This dual role resulted in a high-quality outcome, featuring excellent insulation, carefully selected materials, and spacious layouts with multiple bathrooms in each dwelling.

Dit project had als hoofddoel het realiseren van zeven energiezuinige woningen ter vervanging van een rij deels ingestorte huizen, en deze naadloos in te passen in de directe omgeving. Geïnspireerd door de lokale architectuur voegt het nieuwe volume – bekleed met verfijnd metselwerk – zich moeiteloos in de hoeklocatie. De architecten waren niet alleen verantwoordelijk voor het ontwerp, maar speelden ook een sleutelrol in de ontwikkeling van het project, in samenwerking met HappyCity. Die dubbele rol resulteerde in een hoogwaardig eindresultaat met uitstekende isolatie, zorgvuldig gekozen materialen en ruime indelingen met meerdere badkamers per woning.

Photo Ossip van Duivenbode

AN ODE TO BRICK

Kerkwijk, The Netherlands, 2017

Photo Ossip van Duivenbode

This project is described by the architects as 'a contemporary take on the classical Dutch farmhouse'. To comply with zoning regulations while respecting the surrounding farmlands, the design adopts a modern interpretation of the classic farmhouse form, characterised by a pitched roof, traditional brick bond patterns, and a barn-inspired door on the façade. The spacious, light-filled interiors are punctuated by striking, large openings that seamlessly merge indoor and outdoor spaces.

De architecten omschrijven dit project als 'een eigentijdse interpretatie van de klassieke Nederlandse boerderij'. Om te voldoen aan de bestemmingsregels en de omliggende weilanden te respecteren, is gekozen voor een moderne vertaling van de traditionele boerderijvorm, met een zadeldak, klassieke metselwerkpatronen en een schuurachtige deur aan de gevel. De ruime, lichte interieurs worden gekenmerkt door grote, opvallende openingen die binnen en buiten naadloos met elkaar verbinden.

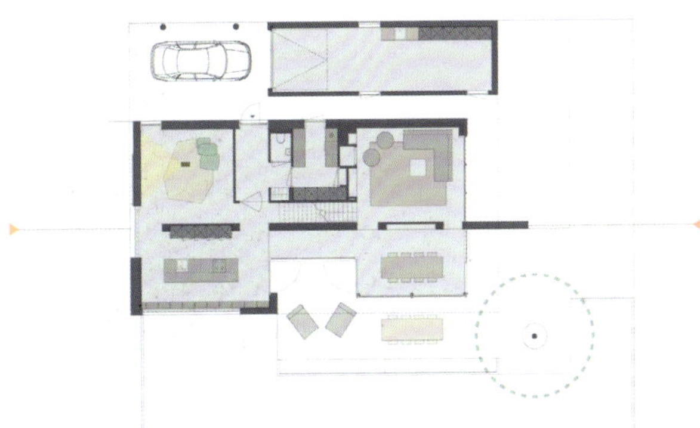

BACK TO NATURE

Bergen op Zoom, The Netherlands, 2015

Located in a woodland setting, the choice of materials for this multifunctional complex was a direct response to its natural surroundings. Originally, the plan included three separate buildings – Natuurpodium's education centre, Klimbos' outdoor adventure facility, and the Stayokay Hostel. Brightside Architects took the initiative to merge the programmes into a single, unified structure, reducing the footprint and costs while enhancing synergy between the three operations and blending seamlessly into its context. Brightside Architects also designed the hostel's interior in collaboration with HDVL Design Makers and worked on the landscape design with Joost Emmerik.

Gelegen in een bosrijke omgeving werd voor dit multifunctionele complex bewust gekozen voor materialen die naadloos aansluiten bij de natuurlijke context. Aanvankelijk was het plan om drie afzonderlijke gebouwen te realiseren – het educatiecentrum van Natuurpodium, de avonturenfaciliteit van Klimbos en het Stayokay Hostel. Brightside Architects nam het initiatief om die programma's samen te brengen in één samenhangend geheel dat opgaat in de omgeving. Op die manier werden niet alleen de ecologische voetafdruk en de kosten beperkt, maar werd ook de synergie tussen de drie activiteiten versterkt. Brightside Architects ontwierp daarnaast in samenwerking met HDVL Design Makers het interieur van het hostel en werkte met Joost Emmerik aan het landschapsontwerp.

Photos Ossip van Duivenbode

Photo Ossip van Duivenbode

CIVIC ARCHITECTS

Photo Dik Nicolai

Amsterdam-based CIVIC Architects was founded by four partners: Ingrid van der Heijden, Rick ten Doeschate, Gert Kwekkeboom, and Jan Lebbink. With the strong belief that being an architect is a public task, the team has decided to devote their practice to designing public buildings. The vital role architecture plays in society – and no less in the sustainable future – is the driving force for the studio's work. In addition to the public significance, two other elements are quite important: a sensorial atmosphere and a forward-looking reinterpretation of the past. The first one is realised with a great sense of materials, which are often intriguingly juxtaposed. As for the second, CIVIC gives new life to buildings in a very distinctive way, by creating exceptional new spaces within historical walls. They state that they 'combine proven technology with new ideas and merge thinking with design, theory with practice, and urbanism with detailing'. Many projects are realised together with other studios, as the architects believe in collaboration.

Het in Amsterdam gevestigde CIVIC Architects werd opgericht door vier partners: Ingrid van der Heijden, Rick ten Doeschate, Gert Kwekkeboom en Jan Lebbink. In de overtuiging dat architectuur een maatschappelijke opdracht is, heeft het team besloten zich toe te leggen op het ontwerpen van openbare gebouwen. De cruciale rol die architectuur speelt in de samenleving – en zeker ook in een duurzame toekomst – is de grootste motivatie achter het werk van het bureau. Naast het publieke belang zijn twee andere elementen cruciaal in hun werk: een zintuiglijke atmosfeer en een toekomstgerichte herinterpretatie van het verleden. De eerste doelstelling wordt gerealiseerd via een sterk gevoel voor materialen, die vaak op een boeiende wijze worden gecombineerd. Voor het tweede streefdoel blaast CIVIC gebouwen op een bijzondere manier nieuw leven in, door buitengewone nieuwe ruimten te creëren binnen historische muren. De architecten stellen dat zij 'proven technology combineren met nieuwe concepten, ideeën met ontwerpen, theorie met praktijk, en stedenbouw met detaillering'. Omdat de architecten geloven in samenwerken, worden heel wat projecten gerealiseerd samen met andere studio's.

SHOE MUSEUM

Waalwijk, The Netherlands, 2022

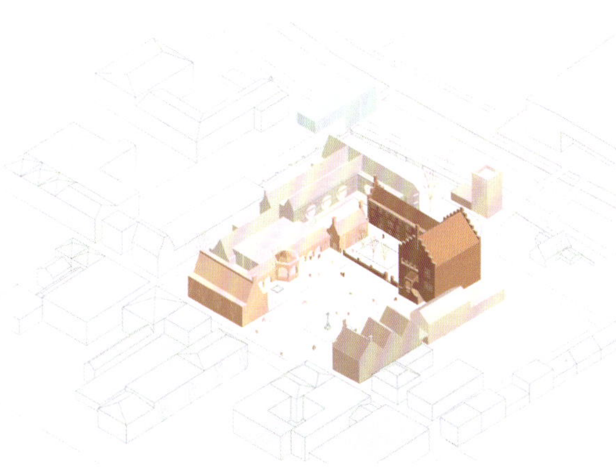

The Dutch city of Waalwijk, known for leather and shoemaking, received an impressive new museum dedicated to shoe design, production, and fashion. CIVIC expertly revitalised a listed building complex designed by Alexander Kropholler in the 1930s (formerly the city hall). The well-balanced mélange of old and new invitingly gathered around a square is striking thanks to its textural richness and sustainable materials. The ceramic tile wall was developed in cooperation with La-Di-Da.

Waalwijk, bekend als dé Nederlandse leer- en schoenenstad, kreeg een indrukwekkend nieuw museum en kenniscentrum voor schoenenproductie, -design en -mode. Daarvoor bracht CIVIC op vakkundige wijze een beschermd gebouwencomplex van Alexander Kropholler uit de jaren 1930 (het voormalige raadhuis) weer tot leven. Dit evenwichtige ensemble van oud en nieuw, uitnodigend rond een plein gelegen, valt op door zijn rijkdom aan texturen en duurzame materialen. De wand van keramische tegels is ontwikkeld in samenwerking met La-Di-Da.

Photo Marije Kuiper

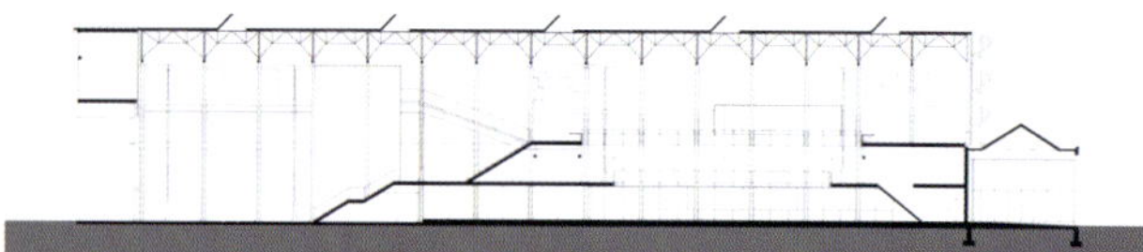

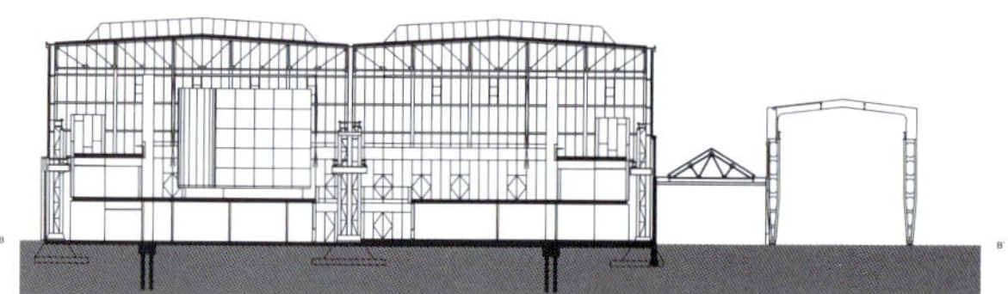

LOCHAL PUBLIC LIBRARY

Tilburg, The Netherlands, 2019

CIVIC Architects spectacularly transformed a former locomotive hangar from 1932 into a new spacious public library and a new meeting place on Tilburg's map (it also houses arts organisations, co-working facilities, and a number of 'labs'). The spaciousness of the hall, with flexible separations of textile screens, was possible thanks to smart engineering and an ingenious system of climate zones. The project was realised in collaboration with Braaksma & Roos Architectenbureau, Inside Outside (Petra Blaisse), Arup, and Mecanoo.

Een voormalige locomotiefloods uit 1932 is door CIVIC Architects op spectaculaire wijze getransformeerd tot een nieuwe bibliotheek en ontmoetingsplaats in het hart van de stad. Het gebouw biedt plaats aan cowerkruimten, conferentiezalen, plekken voor kunstonderwijs, evenementen en debatten. Van de enorme ruimte wordt op slimme wijze gebruikgemaakt met behulp van flexibele schermen, grote textiele doeken die verschillende posities kunnen aannemen, en een ingenieus systeem van klimaatzones. Het project werd gerealiseerd in samenwerking met Braaksma & Roos Architectenbureau, Inside Outside (Petra Blaisse), Arup en Mecanoo.

Photo David Borland-VIEW

Photo Mike Bink

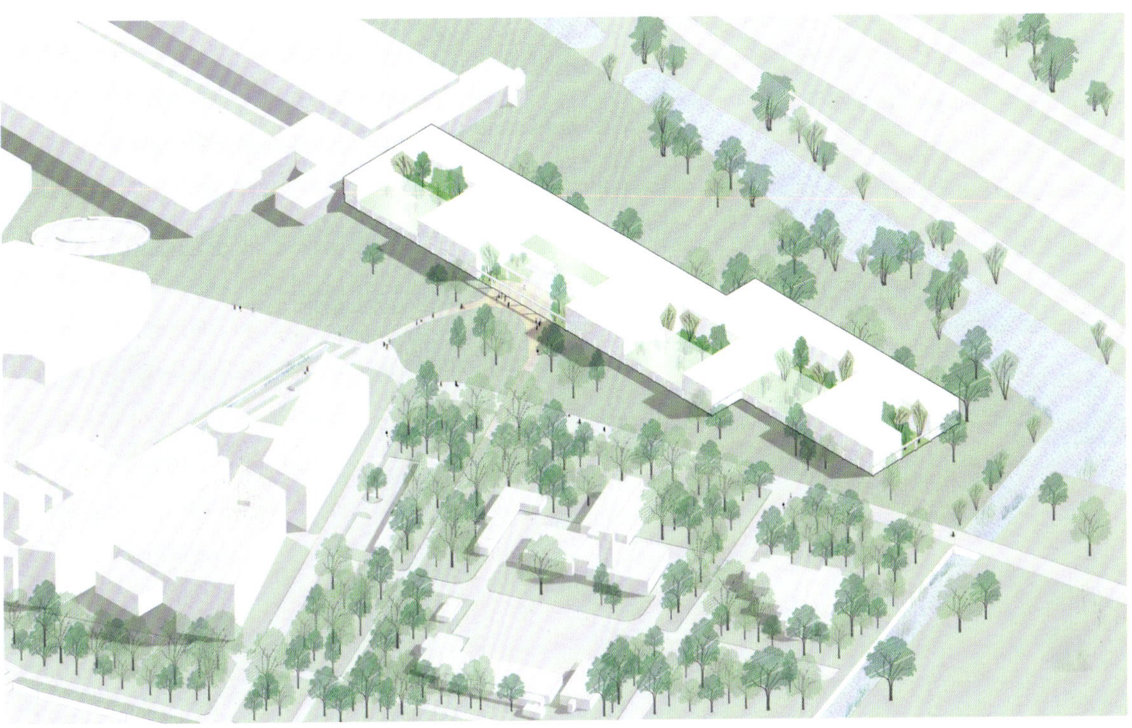

ITC UNIVERSITY TWENTE

Enschede, The Netherlands, 2023

The transformation of a former laboratory from 1972 into the headquarters of the faculty of Geo-Information Science and Earth Observation (ITC) has adapted the unusually long and narrow volume for its new use. At the core of the project are four atria carved out of the original building to increase space and light, but also to 'create habitats for flora and fauna, contribute to clean air, and provide a stress-free working environment'. For ITC University Twente, CIVIC Architects teamed up with VDNDP and Studio Groen+Schild and DS landscape architects.

Een voormalig laboratorium uit 1972 huisvest nu de faculteit Geo-Information Science and Earth Observation (ITC) van de Universiteit Twente in Enschede. Het ongewoon lange en smalle gebouw moest daarvoor grondig worden aangepast: het ontbrak er zowel aan ruimte als aan licht. Essentieel in het nieuwe project zijn de vier atria die werden uitgezaagd uit de constructie. Zij zorgen voor daglicht, groen en verse lucht, en maken van dit gebouw een stressvrije werkomgeving. Voor de ITC faculteit werkte CIVIC Architects samen met VDNDP, en Studio Groen +Schild en DS landschapsarchitecten.

CONCRETE AMSTERDAM

Photo Concrete Amsterdam

Concrete Amsterdam is a multidisciplinary interior and architecture studio, developing innovative concepts since 1997 that transcend traditional boundaries in architecture, interior design, urban design, branding, and conceptual programming. Concrete prioritises 'people before buildings', shaping environments that seamlessly integrate with human life. Across hospitality, public buildings, housing, and retail, their 'inside-out' approach places people first, leading to innovative solutions globally. Each undertaking is an opportunity for reinvention, as the studio is not seeking a uniform style but rather adapts to the needs of individual projects. To ensure planetary well-being, Concrete works with sustainability and circularity experts. The architects wish to make things both aesthetically pleasing and environmentally friendly. The studio's residential buildings envisioned for people to live together offer the inhabitants a complex experience with generous indoor as well as outdoor programmes, enhancing their urban lifestyle.

Concrete Amsterdam is een multidisciplinaire studio voor interieur en architectuur. Het bureau maakt vernieuwende ontwerpen die de traditionele grenzen van architectuur, interieurontwerp, urban design, branding en conceptueel programmeren ver overstijgen, en dat sinds 1997. Concrete stelt de mens boven het gebouw en ontwerpt omgevingen die naadloos op het leven aansluiten. Of het nu om publieke gebouwen, huisvesting, retail of hospitality gaat, de aanpak van binnenuit die Concrete volgt leidt wereldwijd tot innovatieve oplossingen. Elke opdracht is een uitdaging om iets nieuws te creëren, want het bureau is niet gericht op een uniforme stijl maar op de specifieke vereisten van de afzonderlijke projecten. Met het oog op het welzijn van de planeet gaan de architecten samenwerkingen aan met experts inzake duurzaamheid en circulariteit. Ze willen dat hun verwezenlijkingen zowel esthetisch als milieuvriendelijk zijn. De woongebouwen van de studio, gebouwd op mensenmaat, bieden bewoners een veelzijdig aanbod van diverse binnen- en buitenprogramma's. Dat verrijkt de stedelijke levensstijl van de bewoners.

THE WEST RESIDENCE

New York, USA, 2022

The West Residence, 547^{West} 47th street, is a unique residential building; with loft-type apartments designed in an upcycled brick base, and penthouse-like apartments located in the cloud, the open and bright top of the building exploiting views over the Hudson river and the cosmopolitan New York skyline. It introduces a new way of living; its condos are smartly designed from the inside out to create the best residential experience, enhanced by extensive communal spaces and outdoor areas.

De West Residence, op 547^{West} 47th street, is een uniek residentieel gebouw: met loftachtige appartementen in een geüpcyclede bakstenen basis en penthousappartementen in de wolken. De lichte, open toplagen van het gebouw genieten van verzichten over de Hudsonrivier en de kosmopolitische New Yorkse skyline. Het gebouw introduceert een nieuwe leefstijl; de woonunits zijn slim ontworpen van binnenuit om de best mogelijke woonervaring mogelijk te maken. Uitgebreide gemeenschappelijke ruimtes en buitenplekken versterken dat.

Photo Raimund Koch

Photos Ewout Huibers

Photos Ewout Huibers

HARRISON URBY

Harrison, New Jersey, USA, 2022

Concrete created a neighbourhood within a neighbourhood. Three large-scale building blocks are connected to each other through green courtyards. These form the social heart of the neighbourhood, filled with multiple green spaces, play and seating areas, and lush walkways that connect all parts and amenities of the buildings. Harrison Urby breaks with common urban developments, by keeping the massing and scale of the buildings low and creating pedestrian-oriented streetscapes and functions. The solid wooden pavilion is the human-scale 'face' of the building. Surrounded by five- to seven-story building blocks, the wood pavilion offers a warm welcome for both the Urby residents and the public.

Hier creëerde Concrete een buurt in een buurt. Drie grote bouwblokken zijn via groene binnenplaatsen met elkaar verbonden. Die vormen het sociale hart van de buurt en omvatten groen, speel- en zitruimte en weelderige wandelpaden die alle onderdelen en voorzieningen van de gebouwen connecteren. Harrison Urby stapt weg van wat we kennen in stadsontwikkelingsprojecten, door de massering en schaal van de gebouwen beperkt te houden en door bij alles – van straatbeeld tot functies – eerst aan de voetganger te denken. Het solide houten paviljoen is het 'gezicht' van het gebouw, op mensenmaat. Omringd door woonblokken van 5 tot 7 bouwlagen voelt het paviljoen als een warm welkom voor bewoners van Urby en andere bezoekers.

Photos Isabel Nabuurs

POSTILLION HOTEL

Amsterdam, The Netherlands, 2018

The slim 65-metre tower of Postillion Hotel, interconnected on the ground floor with a public square and cascading terrace, features a striking geometric façade made of anodised aluminium cassettes in three shades, with deeply recessed windows in between. It has become a landmark of the Overamstel district, the industrial character of which was transformed into a mixed urban neighbourhood of living, work, and leisure.

Het Postillion Hotel in Amsterdam rijst op als een 65 meter hoge toren. De opvallende gevel toont een geometrisch patroon van geanodiseerde aluminium cassettes in drie tinten, met daartussen diep verzonken ramen. De begane grond geeft uit op een trapvormig terras en een plein. Het gebouw is een landmark van de wijk Overamstel, vroeger een industriële zone, nu een prettige stadswijk om te wonen, te werken en te ontspannen.

DE ARCHITEKTEN CIE.

Photos: top left Charlene Goud, all others Ernst van Raaphorst

Based in Amsterdam, the studio has been designing buildings and developing areas since 1948. 'We stand for intelligent, inclusive, and integral designs,' the architects state. Working internationally, their team of around 90 professionals is led by partners Pi de Bruijn, Branimir Medic, Pero Puljiz, Erik Vrieling, Marten de Jong, Eric van Noord, and Frank Segaar. Always striving for innovative solutions, the studio places sustainability at the heart of each project. Their ambition is to envision sustainable environments for users but also for the community and local culture. With experience across a range of circular projects at different scales, from pavilions to urban planning, the architects see circular constructions as a necessity and a mission. Their work is not limited to designing and building architecture, as their assignments are thematically deepened through research, publications, and development of the studio's own digital tools. The architects share their extensive knowledge with others in the field to contribute to the discipline's evolution.

Het bureau is gevestigd in Amsterdam en ontwerpt al sinds 1948 gebouwen en ontwikkelgebieden. 'Wij staan voor intelligente, inclusieve en integrale ontwerpen', zo typeren de architecten hun activiteit. Het team van een 90-tal professionals werkt internationaal onder leiding van partners Pi de Bruijn, Branimir Medic, Pero Puljiz, Erik Vrieling, Marten de Jong, Eric van Noord en Frank Segaar. Het bureau streeft altijd naar innovatieve oplossingen en stelt in elk project duurzaamheid centraal. Het wil duurzame omgevingen creëren voor de gebruikers maar ook voor de plaatselijke gemeenschap en cultuur. De architecten zien circulair bouwen als een noodzaak en een missie. Ervaring op dat gebied verwierven ze in uiteenlopende circulaire projecten, van paviljoens tot stedenbouw. Hun werk beperkt zich niet tot het ontwerpen en bouwen van architectuur. Met publicaties, onderzoek en de ontwikkeling van eigen digitale tools voegen ze een thematische verdieping toe aan hun opdrachten. Hun uitgebreide kennis delen ze met andere mensen in het vak om zo bij te dragen aan de vooruitgang van de bouwkunst vandaag.

EDGE AMSTERDAM WEST

Amsterdam, The Netherlands, 2021

The visionary way A.N. Oyevaar designed this office building in the 1970s allowed for its successful transformation today into a 'future-proof' working space. The architects preserved the original shape of the seven-storey volume with eight clovers enveloping the central green atrium, which has now been glazed for ample daylight and an inside-outside connection. Sustainable goals have been met through numerous features for climate control and energy generation.

Dankzij de visionaire manier waarop A.N. Oyevaar dit kantoorgebouw in de jaren 70 ontwierp, kon het veel later succesvol worden getransformeerd tot een toekomstbestendig kantoor. De architecten behielden de originele vorm van het zeven verdiepingen tellende volume met acht klavers rond het centrale atrium. Dit grote, groene atrium ontvangt nu overvloedig daglicht via een groot glazen dak, dat tevens een connectie tussen binnen en buiten creëert. Door tal van functies voor klimaatbeheersing en energieopwekking werd hier het hoogste niveau van duurzaamheid gerealiseerd.

Photo Your Captain Luchtfotografie

Photo Ernst van Raaphorst

Photos Ernst van Raaphorst

PONTKADE

Amsterdam, The Netherlands, 2019

The complex of dynamically shaped buildings, combining living, working, culture, and leisure programmes, is located on an Amsterdam ferry landing. Each volume has its own architecture, façade material, and colour. Together they create a vibrant urban environment echoing the location's industrial past. Akin to stacks of containers, the structures feature rhythmic alternations of units, openings, and balconies.

Het complex van dynamisch vormgegeven gebouwen waarin wonen, werken, cultuur en vrijetijdsbesteding worden gecombineerd, ligt aan een Amsterdamse veerpontkade. De volumes, elk met een eigen architectuur, gevelmateriaal en kleur, creëren samen een bruisende stedelijke omgeving die het industriële verleden van de wijk oproept. De gebouwen doen qua structuur denken aan gestapelde containers en hebben een opvallende ritmiek van onderdelen, openingen en balkons.

MAX. LAST
5000 KG

HET DOK

Amsterdam, The Netherlands, 2022

Het Dok residential complex demonstrates that good metropolitan living is possible. The large-scale prefab housing construction, with three towers planted in the plinth, creates a city within a city. The shifting volumes stack three different façade grids, where brick meets concrete. The highlight of the buildings are the floor-to-ceiling windows, which create a sense of space and invite natural light into over 400 apartments.

Het Dok toont dat goed grootstedelijk wonen haalbaar is. Het grootschalige prefab wooncomplex, bestaande uit een plint met daarop drie torens, verschijnt als een stad in een stad door de verschoven volumes, de stapeling van drie verschillende gevelroosters, de bakstenen gevels in combinatie met betonrasters. Een prachtig onderdeel van het ontwerp zijn de kamerhoge ramen, die een gevoel van ruimte creëren en veel natuurlijk licht binnenhalen in de meer dan 400 appartementen.

Photos Ernst van Raaphorst

DE ZWARTE HOND

Photo De Zwarte Hond

Architecture, urban design, and strategy are the three pillars of De Zwarte Hond, a design agency with offices in Groningen, Rotterdam, and Cologne. They envision projects informed by and responsive to their context. 'Designing and realising interwoven spaces, that's the essence of our office: we unite architecture and urban design. That combination defines us to the core,' they state. The architects aim to design environments that will contribute to the well-being of their users, but also improve quality of life from the perspective of the neighbourhood or the city. Another important aspect of the practice's philosophy is durability, understood as the core of sustainability. Their buildings are meant to last, in part thanks to generic structures and flexible arrangements that allow them to be freely adjusted to new roles. Their attention to detail, careful selection of materials, and value added through innovations have all resulted in distinctive projects at different scales, all realised in the spirit of teamwork.

Architectuur, stedenbouw en strategie vormen de drie pijlers van De Zwarte Hond, een ontwerpbureau met vestigingen in Groningen, Rotterdam en Keulen. Hun projecten zijn altijd geïnspireerd door en afgestemd op hun omgeving. 'Met elkaar verweven plekken ontwerpen en realiseren, dat is de essentie van ons bureau: we verenigen architectuur en stedenbouw. Die combinatie zit in ons DNA', zo verklaren de architecten. Zij streven ernaar omgevingen te creëren die bijdragen tot het welzijn van de gebruikers, maar die ook de levenskwaliteit verbeteren op het niveau van de buurt of de stad. Een andere kernwaarde is duurzaamheid, begrepen als de basis van toekomstbestendigheid. Hun gebouwen zijn ontworpen om lang mee te gaan, deels dankzij generieke structuren en flexibele indelingen die eenvoudig kunnen worden aangepast aan nieuwe functies. Hun oog voor detail, zorgvuldige selectie van materialen en meerwaarde door innovatieve oplossingen, hebben geleid tot onderscheidende projecten op uiteenlopende schaalniveaus, allemaal gerealiseerd in de geest van samenwerking.

ALLIANDER WESTPOORT

Amsterdam, The Netherlands, 2023

At the heart of Amsterdam's port area, the energy network company Alliander commissioned new regional offices that include an office building, workshops, warehouses, and an educational building. Both the training facilities and the volume housing offices (the tallest part of the complex) received all-timber construction for a healthy working environment. While the building is gas-free and energy-neutral, rich planting on and around it provides a biodiverse habitat.

Het energienetwerkbedrijf Alliander gaf opdracht om in het hart van het Amsterdamse havengebied een regiokantoor te bouwen met een kantoorgebouw, werkplaatsen, opslagruimten en een opleidingscentrum. Voor de opleidingsfaciliteiten en het kantoorgebouw (het hoogste deel van het complex) werd een volledig houten constructie ontworpen met het oog op een gezonde werkomgeving. Het gebouw is gasvrij en energieneutraal, terwijl rijke beplanting rondom en op de gebouwen een biodiverse habitat vormt.

Photo Eva Bloem

Photos Eva Bloem

REGULATEUR

Groningen, The Netherlands, 2023

Envisioned as a healthy and happy living environment, the Regulateur is a residential block in striking brickwork, arranged around a courtyard. The courtyard garden is filled with vegetation that is intended to grow and cover the inner façades in the future. Oriented towards this green space are the spacious terraces of all 105 apartments. The compact volume is dynamised through stepped heights between three and seven storeys.

De Regulateur, ontwikkeld met als doel een gezonde en gelukkige leefomgeving te bieden, is een woonblok in opvallend metselwerk, opgetrokken rondom een binnentuin. Die is beplant met groen dat bedoeld is om mettertijd langs de gevels omhoog te groeien. De ruime terrassen van alle 105 appartementen zijn naar de binnentuin gericht. De getrapte vorm van drie tot zeven lagen verleent aan dit compacte volume een eigen dynamiek.

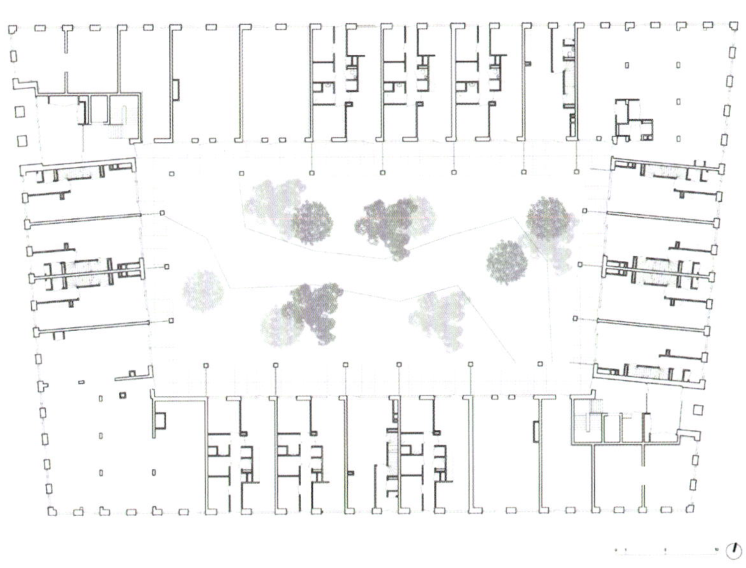

KINDCENTRUM ZUIDERKROON

Hoogezand, The Netherlands, 2022

'The starting point was to realise safe and future-proof educational facilities in an area affected by earthquakes and land shrinkage,' explain the architects. The spacious and tall classrooms filled with light, as well as two gymnasiums, have a natural feel, which contrasts with the outer shell – a concrete finish on the bottom and green handmade tiles above, which visually immerse the volume into the green surroundings.

'Het uitgangspunt was veilige en toekomstbestendige onderwijsvoorzieningen te realiseren in een gebied dat te maken heeft met aardbevingen en krimp', aldus de architecten. De ruime en hoge klaslokalen, waar het licht rijkelijk binnenvalt, en de twee gymzalen hebben een natuurlijke sfeer, die contrasteert met de buitenkant – een betonnen afwerking aan de onderzijde en groene, handgemaakte tegels daarboven, waardoor het gebouw visueel opgaat in de groene omgeving.

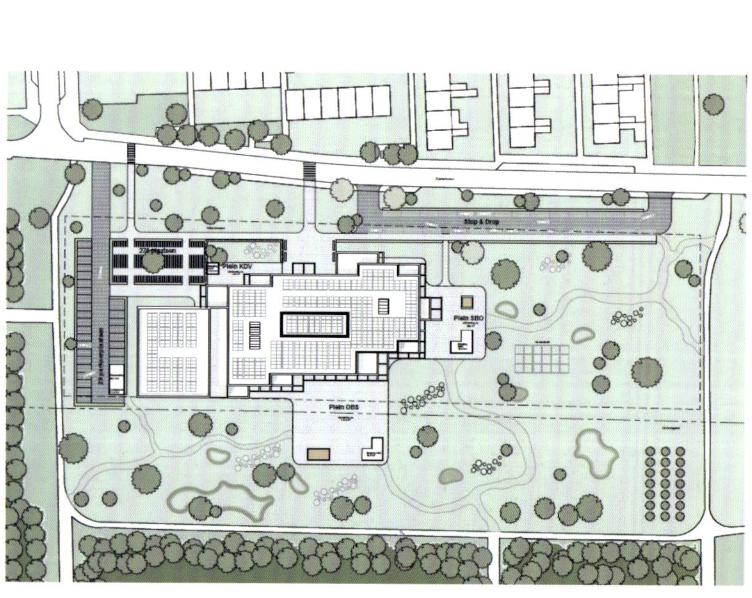

Photo Eva Bloem

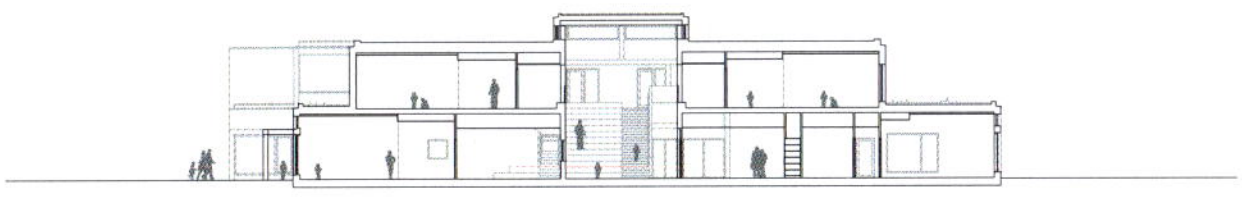

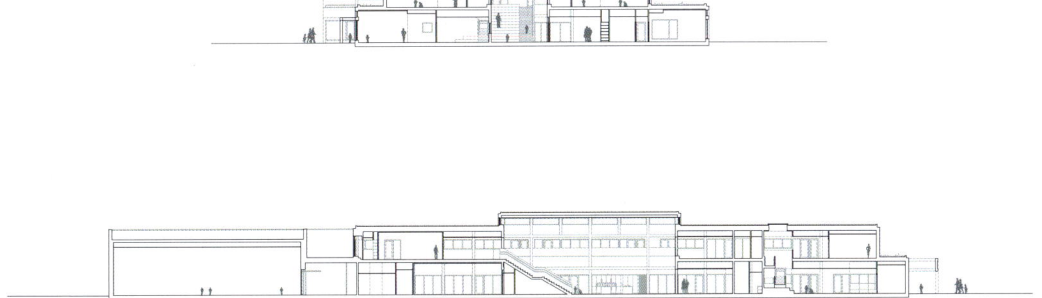

DERKSEN | WINDT ARCHITECTEN

Photo derksen | windt architecten

Established in 2008 by Jeroen Derksen and David Windt, the studio envisions a wide range of typologies ranging from villas to primary schools. Aiming to design inspiring, functional, and beautiful architecture, the duo focuses on the spatial qualities highlighting the transitions between spaces. Their distinctive formal language, often sculptural in expression, is a result of the way the architects use materials purely as well as with special attention to each detail. The play of daylight is another element influencing their designs, as is the transition between private and public, which makes their façades not hard separations but essential inside-outside connections, using elements like balconies, bay windows, and recesses. Approaching sustainability holistically, the studio's goal is to employ all possible means to reduce fossil energy while also using passive aspects of a building, such as its orientation, access to daylight, construction method, choice of materials, and functional flexibility for today and tomorrow.

Het bureau, dat in 2008 werd opgericht door Jeroen Derksen en David Windt, richt zich op een brede waaier aan typologieën, variërend van villa's tot basisscholen. De twee architecten willen ruimtelijke kwaliteit creëren en inspirerende, goed bruikbare, mooie architectuur maken, met speciale aandacht voor de overgangen tussen ruimten. Kenmerkend voor hun vaak sculpturale vormentaal is het pure gebruik van materialen en het oog voor detail. Ook het spel van daglicht is erg belangrijk in hun ontwerpen, evenals de overgang van privé naar openbaar, waarbij een gevel niet louter een harde scheiding is, maar een essentiële verbinding tussen binnen en buiten, via elementen zoals balkons, erkers en nissen. De architecten hebben een holistische visie op duurzaamheid en zetten alle mogelijke middelen in om de fossiele energie te verminderen. Daartoe benutten ze ook de passieve aspecten van een gebouw, zoals oriëntatie, gebruik van daglicht, constructiewijze, materiaalkeuze, flexibele bruikbaarheid voor vandaag en morgen.

WOODEN HOUSE

Monster, The Netherlands, 2021

The structure, made of laminated wooden columns, beams, and floors, has been completed through an alternation of wooden panels of vertical larch and large glazing, welcoming the sun and views into the interiors, and creating a sense of elegant lightness. This effect also gives a rhythm to the interiors, which are also defined by the natural wood and connected to the surrounding garden.

De structuur van gelamineerde houten kolommen, liggers en vloeren is ingevuld met een afwisseling van verticale larikshouten panelen en grote schuifpuien, die de zon en het uitzicht naar binnen halen en een sfeer van elegante lichtheid creëren. Dat effect van de structuur introduceert een ritme in de interieurs, waarvan het karakter ook bepaald wordt door het gebruik van natuurlijk hout en door de connectie met de tuin.

Photo René de Wit

Photos René de Wit

CONCRETE SPLIT-LEVEL HOUSE

Capelle aan den IJssel, The Netherlands, 2019

A typical Dutch terraced house with a twist, this adjoining two-storey house with a sloping tiled roof has been given a new incarnation on the exteriors through the atypical use of concrete, with an intriguing visual effect created by the juxtaposition of light and robust materials. And in the interiors, through staggered floors, are spaces that change in height, which are connected as openly as possible.

Een standaard Nederlands rijtjeshuis 'met een twist', zo kun je deze hoekwoning met twee verdiepingen en een schuin pannendak noemen. De herschepping bestaat aan de buitenkant uit een atypische toepassing van beton, met een boeiend visueel effect door de combinatie van robuust en licht materiaalgebruik. Het interieur heeft verspringende verdiepingen en bijgevolg in vrije hoogte verschillende zones, die zo veel mogelijk open verbonden zijn.

Photo René de Wit

INDUSTRIAL BUILDING

Rozenburg, The Netherlands, 2019

When designing this space for several small businesses under one roof, the architects searched for an interesting alternative to a conventional industrial building. The translucent triangles add dynamism to the monolithic volume and are an original reference to the shape of a typical industrial sawtooth roof. They also contrast with the solid brick walls, as do the aluminium windows and rolling doors.

Bij het ontwerpen van deze ruimte voor een verzameling bedrijfsunits onder één dak zochten de architecten naar een interessant alternatief voor een conventioneel industrieel gebouw. De doorschijnende driehoeken zorgen voor dynamiek in het monolithische volume. Ze zijn ook een originele verwijzing naar de typische sheddaken van oude fabrieken. Net als de aluminium ramen en roldeuren contrasteren de translucente driehoeken met de massieve bakstenen muren.

DIEDERENDIRRIX

Photo diederendirrix

Architectural firm diederendirrix provides energy to city districts, neighbourhoods, and buildings. This with respect for the past and present, but with a better future for the city as the goal. The focus of the agency, which has offices in Eindhoven and Rotterdam, is mainly on creating meaningful work with a committed team. Carrying out projects that matter, that are socially relevant, and that help people. According to diederendirrix, architecture builds upon history. Even the avant-gardist creed to 'make it new' still assumes a past. It is impossible to imagine novelty without an awareness of what existed before. In their transformation projects, diederendirrix retell stories of buildings and sites – by paraphrasing parts of the story, by recasting central actors, by making architecture speak in other words. By doing that, they make it anew.

Architectenbureau diederendirrix geeft energie aan stadsdelen, wijken, buurten en gebouwen. Dat met respect voor verleden en heden, maar met een betere toekomst voor de stad als doel. De focus van het bureau, dat kantoren heeft in Eindhoven en Rotterdam, ligt vooral op betekenisvol werk maken met een geëngageerd team. Projecten uitvoeren die ertoe doen, die sociaal en maatschappelijk relevant zijn en waarmee mensen geholpen zijn. Volgens diederendirrix bouwt architectuur voort op de geschiedenis. Zelfs het avant-gardistische credo om 'het nieuw te maken' veronderstelt nog steeds een verleden. Het is onmogelijk om nieuwigheid voor te stellen zonder een besef van wat er eerder bestond. In hun transformatieprojecten vertelt diederendirrix architectuur- en stedenbouwverhalen over gebouwen en locaties opnieuw – door delen van het verhaal te parafraseren, door centrale acteurs opnieuw te casten, door architectuur met andere woorden te laten spreken. Door dat te doen, maken ze het opnieuw.

VAN GOGH VILLAGE MUSEUM

Nuenen, The Netherlands, 2023

Based on an exploration of Vincent van Gogh's life and work, the architects designed an extension of the museum in Nuenen, where the artist spent a couple of years. 'The design of the new Van Gogh Village Museum aims to reflect the style of the painter and the village,' remarks the studio. Embedded into the historical plot, the museum's new spaces are large and highly functional.

Na een grondige verkenning van het leven en werk van Vincent van Gogh ontwierpen de architecten een uitbreiding van het museum in Nuenen, waar de kunstenaar een aantal jaren verbleef. 'We willen dat het ontwerp van het nieuwe Van Gogh Village Museum zowel de stijl van de schilder als die van het dorp weerspiegelt.' Het nieuwe volume, dat is ingebed in het historische perceel, heeft grote en functionele ruimten.

Photo Ossip van Duivenbode

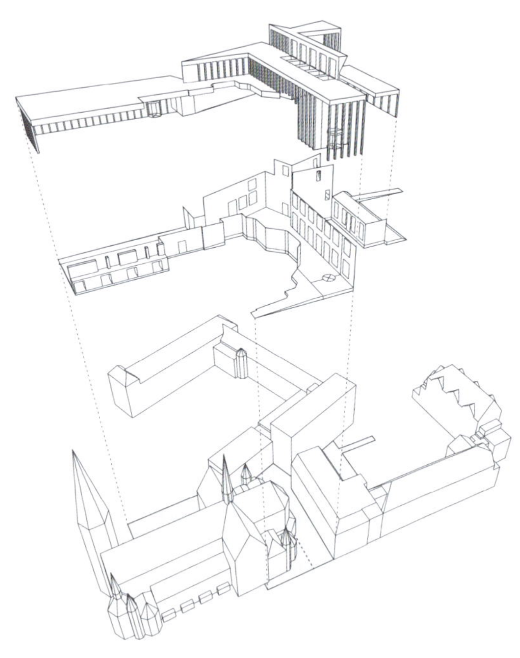

Photos Ossip van Duivenbode

DOMUSDELA

Eindhoven, The Netherlands, 2019

The transformation of the originally medieval Mariënhage monastery into a ceremony venue involved its structural adaptation for new functions as well as new additions to the listed monuments. Repurposing the complex meant a thorough restoration of the existing buildings and opening them up to a new public. The result is an urban hotspot, offering space for wedding and funeral ceremonies, concerts, conferences, and cultural activities.

De transformatie van het oorspronkelijk middeleeuwse klooster Mariënhage tot een ceremoniehuis vereiste zowel een structurele aanpassing voor de nieuwe functies als architectonische toevoegingen aan het rijksmonument. De herbestemming betekende dat de bestaande gebouwen grondig gerestaureerd moesten worden om nadien voor een nieuw publiek te worden opengesteld. Nu is DomusDela een stedelijke hotspot, waar huwelijks- en uitvaartceremonies, concerten, congressen en culturele activiteiten plaatsvinden.

PICUSKADE

Eindhoven, The Netherlands, 2019

This dynamic residential complex has become part of the transformation of the former industrial district at the head of the Eindhoven canal into a modern residential and working area. Each of three volumes is different yet together they create a coherent whole. As a reference to the character of the original district's fabric, the architects created a stark contrast between the high-rise and low-rise buildings.

Dit dynamische woonensemble maakt deel uit van de transformatie van het voormalige industriegebied op de kop van het Eindhovens kanaal tot een modern stedelijk woon-werkgebied. Er zijn drie verschillende volumes, maar ze vormen samen één coherent geheel. Als verwijzing naar de vroegere toestand van het gebied creëerden de architecten een sterk contrast tussen de hoog- en laagbouw van het complex.

Photo Mitchell van Eijk

DOK ARCHITECTEN

Photo Dok architecten

The story of the Amsterdam-based office Dok architecten dates back to 2007, when it was founded by two architects who had been working together since 1995 – Herman Zeinstra (1937–2024) and Liesbeth van der Pol, who now runs the company together with Patrick Cannon, Marta Meijer, and Kim Wandel. The team of 12 architects states: 'Our work is defined by its location and residents, and focuses on strength, colour, and expression.' Envisioning a wide variety of projects, including residential and educational architecture, as well as cultural and industrial buildings, the practice is also known for its impressive renovations of historical structures, which bring them back to life, as they like to say. While a distinctive use of materials, textures, and colours is characteristic of their projects, the architects focus on those who will inhabit the architecture as well as the context. 'We want our buildings to treat their users and the location's ecological, social, and historical structure with respect.' With sustainability in mind, the studio designs architecture that is robust and long-lasting, as well as adaptable to easily change functions.

Het verhaal van het Amsterdamse kantoor Dok architecten gaat terug tot 2007, toen het opgericht werd door twee architecten die sinds 1995 samenwerkten: Herman Zeinstra (1937-2024) en Liesbeth van der Pol, die vandaag het bedrijf leidt samen met Patrick Cannon, Marta Meijer en Kim Wandel. Het team van twaalf architecten verklaart: 'Ons werk wordt bepaald door de locatie en de bewoners, en richt zich op kracht, kleur en expressie.' Met zijn breed scala aan projecten, waaronder woon- en onderwijsarchitectuur, evenals culturele en industriële gebouwen, staat het bureau ook bekend om indrukwekkende renovaties van historische structuren, waarmee ze die, zoals ze zelf zeggen, nieuw leven inblazen. In hun projecten, die gekenmerkt worden door een karakteristieke toepassing van materialen, texturen en kleuren, leggen ze de focus op de gebruikers van de architectuur én de context. 'We willen dat onze gebouwen hun gebruikers, en de ecologische, sociale en historische structuur van de locatie, met respect behandelen.' Met duurzaamheid als uitgangspunt ontwerpt het bureau architectuur die robuust en blijvend is, en bovendien flexibel genoeg om eenvoudig van functie te veranderen.

THE GEORGE

Zuidas, Amsterdam, The Netherlands, 2020

Sitting in a busy business district, The George houses 47 flats on 11 floors, each of which has a different shape. Its striking silhouette is dynamic, with a glazed façade that can be entirely unfolded. The high-quality living spaces filled with natural light are enhanced by numerous terraces and balconies filled with lush vegetation irrigated by rainwater.

The George ligt in een druk zakendistrict. De 11 verdiepingen hoge toren herbergt 47 luxeappartementen, die elk een andere vorm hebben. Het silhouet is opvallend en dynamisch; alle appartementen beschikken aan de zuidzijde over terrassen, die naar onderen toe breder worden. Glazen schuifpuien geven toegang tot die buitenruimten en zorgen voor natuurlijk licht in de interieurs. De weelderige vegetatie op de terrassen wordt geïrrigeerd door regenwater.

Photo Igor Passchier

PARKEER
ARAGE-KA

CAR PARK KATWOLDERPLEIN

Zwolle, The Netherlands, 2017

For the design of this car park, the architects drew inspiration from a voyage along the Silk Road through Central Asia, including the intricate patterns on the texturally rich and curvaceous façade. All nuances are highlighted at night by spotlights. The roof with solar panels, routing limits reducing the emission of exhaust fumes, energy-efficient LED lighting, and plants on the rear facade all contribute to the building's sustainability.

Voor het ontwerp van deze parkeergarage lieten de architecten zich inspireren door een reis langs de Zijderoute door Centraal-Azië, wat terugkomt in de gedetailleerde patronen op de textuurrijke en golvende gevel. 's Nachts worden alle nuances geaccentueerd door schijnwerpers. Het dak is bedekt met zonnepanelen en een slimme routing beperkt de uitstoot van uitlaatgassen. Ook de energiezuinige ledverlichting en de planten die de achtergevel bekleden, dragen bij tot de duurzaamheid van het gebouw.

Photo Arjen Schmitz

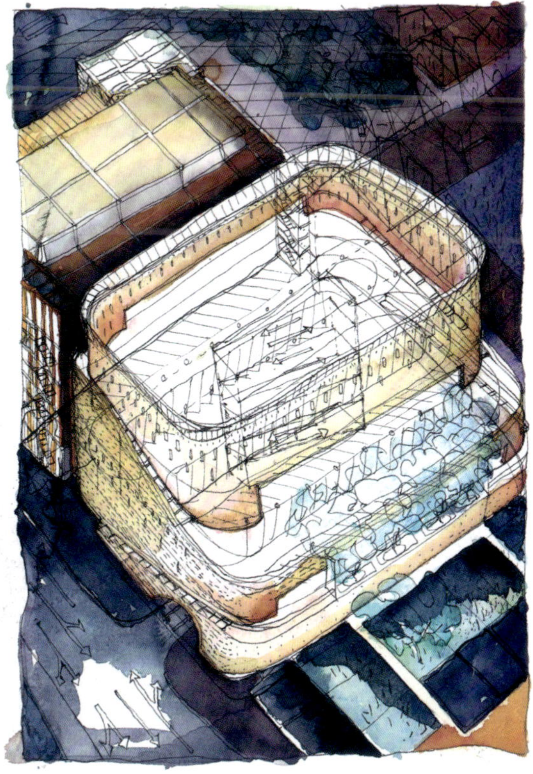

Aquarel Liesbeth van der Pol

THE WAVE

Amsterdam, The Netherlands, 2021

Part of a new residential neighbourhood, the shape of this dynamic block offering 58 condominiums is informed by the nearby water. The Wave's gracefully meandering form is accentuated by the subtle play of coloured stones interwoven into the white bricks of the outer shell. The architects envisioned many common spaces to encourage social interactions among the inhabitants, including an inner garden for relaxation.

Dit dynamische woonblok met zijn 58 appartementen bevindt zich in een nieuwe residentiële buurt en is geïnspireerd door het water van het nabijgelegen IJ. De sierlijke vorm van The Wave wordt benadrukt door het subtiele spel van gekleurde stenen die in de witte bakstenen van de buitengevel zijn verweven. De architecten hebben verschillende gemeenschappelijke ruimten ontworpen om sociale interactie tussen bewoners te stimuleren, waaronder een binnentuin voor ontspanning.

Photo Arjen Schmitz

Facto

Photo Hans Peter Föllmi / IC4U

Photos Hans Peter Föllmi / IC4U

FLORIS

Delft, The Netherlands, 2020

FARO designed three projects for the Ballast Nedam Development. The first and smallest one, Floris, consists of nine very different houses with distinctive aesthetic expressions. Behind the charming façades – from traditional to extravagantly covered in greenery – are four-storey volumes with a range of layouts, including spaces spanning two floors or home offices.

FARO heeft voor Ballast Nedam Development drie projecten ontworpen, waarvan Floris het eerste en het kleinste is. Het bestaat uit negen onderling erg verschillende huizen met elk een eigen esthetische expressie. Achter de charmante gevels – variërend van klassiek tot uitbundig begroeid met groen – bevinden zich vier verdiepingen tellende volumes met diverse indelingen, waaronder woonruimten over twee verdiepingen of thuiskantoren.

30A

LAURIERKWARTIER

Utrecht, The Netherlands, 2021

This residential block, blending well into its context, is made of several volumes, visible in the brick façade's articulation. A spectacular staircase in the main entrance leads to the heart of the complex – a communal courtyard garden. The garden, supporting biodiversity and spread over two levels, is designed to encourage social interactions. The buildings are climate adaptive, energy efficient, and circular.

Dit residentiële stadsblok is stevig verankerd in zijn omgeving. Het bestaat uit verschillende panden, wat tot uiting komt in de verticale geleding van de bakstenen gevels. De spectaculaire trap bij de hoofdingang leidt naar het hart van het complex, de gemeenschappelijke binnentuin. Deze biodiverse tuin is over twee niveaus aangelegd en ontworpen om sociale interactie te bevorderen. De gebouwen zijn klimaatadaptief, energiezuinig en circulair.

Photos Hans Peter Föllmi / IC4U

GROUP A

Photo Ronald Tilleman

For GROUP A, a design firm founded by Maarten van Bremen, Folkert van Hagen, and Adam Visser in 1996, architecture, interior design, and urban design are inseparable. 'This allows us to design environments in which people live, work, and reside comfortably in balance with the ecosystem,' stress the architects. Based in the Keilepand in Rotterdam, the team of around twenty designers works on a wide range of projects including public buildings, residential buildings, and offices. Transformations are an important part of their portfolio, as GROUP A aspires to design sustainably. Their think tank CARBONLAB investigates how a Paris Proof and climate-positive built environment can be achieved as soon as possible and on a relevant scale. This is done by developing, sharing, and applying knowledge in actual design tasks GROUP A is working on.

Voor GROUP A, een ontwerpbureau dat in 1996 werd opgericht door Maarten van Bremen, Folkert van Hagen en Adam Visser, zijn architectuur, interieur en stedenbouw onlosmakelijk met elkaar verbonden. 'Dat stelt ons in staat om omgevingen te ontwerpen waarin mensen comfortabel wonen, werken en verblijven in balans met het ecosysteem', aldus de architecten. Vanuit het Keilepand in Rotterdam werkt het team van zo'n twintig ontwerpers aan een breed scala aan projecten, waaronder openbare gebouwen, woongebouwen en kantoren. Transformaties vormen een belangrijk onderdeel van hun portfolio, aangezien GROUP A streeft naar een duurzaam gebouwde omgeving. Hun denktank CARBONLAB onderzoekt hoe een Paris Proof en klimaatpositieve gebouwde omgeving zo snel mogelijk en op relevante schaal kan worden bereikt. Ze doen dat door kennis te ontwikkelen, te delen en toe te passen in concrete ontwerpopgaven waar GROUP A aan werkt.

CENTRAL PARK

Utrecht, The Netherlands, 2021

Central Park offers its users a working space that takes care of their well-being. The heart of the building is a spectacular indoor park, visible through the transparent façade. MOSS (Makers of Sustainable Spaces) designed the landscaping, drawing from the richness of species of the Azores. The welcoming plinth with an office lobby, commercial space, and café makes the 90-metre-high volume an integral part of the Utrecht Station Area.

De kantoortoren Central Park biedt zijn gebruikers een werkomgeving die zorg draagt voor hun welzijn. Het hart van het gebouw is een spectaculair binnenpark, zichtbaar door de transparante gevel. De subtropische tuin, een ontwerp van MOSS (Makers of Sustainable Spaces), is geïnspireerd op de rijke biodiversiteit van de Azoren. De uitnodigende mezzanine, met een kantoorlobby, commerciële ruimte en café, maakt het 90 meter hoge gebouw tot een integraal onderdeel van het levendige Stationsgebied Utrecht.

Photo Jordi Huisman

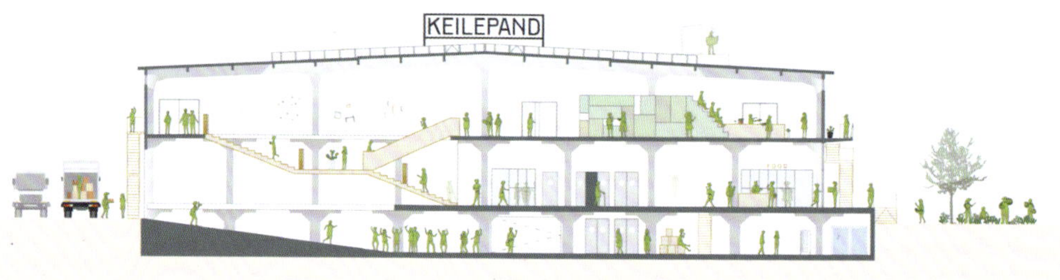

Photo Frank Hanswijk

KEILEPAND M4H

Rotterdam, The Netherlands, 2021

The transformation of a former warehouse, dating back to 1922, resulted in a vibrant multifunctional building including offices, workshops, a culinary incubator, and a 1100 square metre event and exhibition space, as well as a climbing hall. United in the KeileCollectief, architects, carpenters, and food entrepreneurs are committed to creating a better living environment. The architects aimed to enhance the character of the original building and to maximise its sustainable features (by 2027 it will be energy neutral). The project was realised in collaboration with studioADAMS.

De transformatie van een voormalig pakhuis uit 1922 resulteerde in een levendig multifunctioneel gebouw met kantoren, werkplaatsen, een culinaire broedplaats en een evenementen- en expositieruimte van 1100 m^2 en een klimhal. Verenigd in het KeileCollectief zetten ontwerpers, meubelmakers en voedselondernemers zich hier in voor een betere leefomgeving. De architecten streefden ernaar het karakter van het oorspronkelijke gebouw te benadrukken en de duurzame eigenschappen ervan te maximaliseren (in 2027 zal het energieneutraal zijn). Het project werd gerealiseerd in samenwerking met studioADAMS.

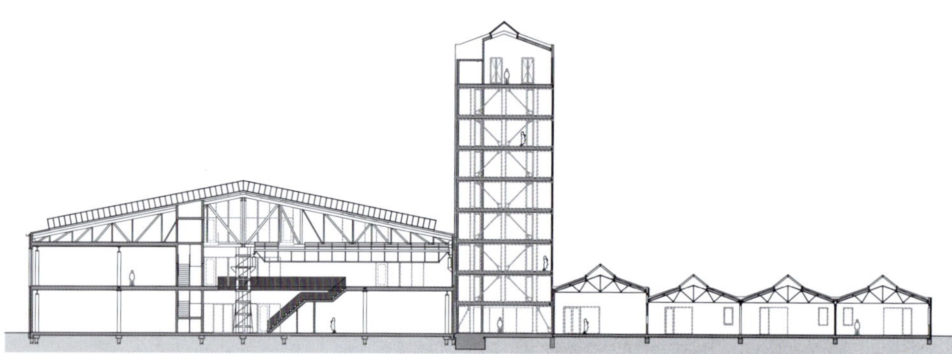

SMEDERIJ NDSM

Amsterdam, The Netherlands, 2014

Part of the historic NDSM Wharf, where Amsterdam's shipbuilding industry thrived at the beginning of the 20th century, the Smederij has been transformed into a hotel - in a newly built pitched roof tower - and a working space that have given new life to the former forge. The architects left the original brickwork and positioned glass wall sections to suit the building's new role. The structure's columns and trusses highlight the original charm of the space.

De Smederij, onderdeel van de historische NDSM-werf waar begin 20ste eeuw de Amsterdamse scheepsbouw floreerde, werd getransformeerd tot een stoer hotel - gevestigd in een nieuwbouwtoren met zadeldak - en een werkruimte die nieuw leven heeft geblazen in de vroegere smederij. De architecten hebben het oorspronkelijke metselwerk behouden en hoge glazen wanden geplaatst waar dat voor de nieuwe kantoorfunctie nodig was. De kolommen en spanten van de constructie benadrukken de oorspronkelijke charme van de ruimte.

Photo Marcel van der Burg

HILBERINKBOSCH ARCHITECTEN

Photo Martin Wengelaar

Founded by Annemariken Hilberink and Geert Bosch in 1996, the Berlicum-based studio works on a large scope of projects, from single-family houses and offices to large-scale urban studies as well as meticulously realised renovations. Following their own statement, that they 'are passionate about finding the smartest solutions for complex assignments,' the architects investigate each context and its potential, but also carefully consider future functions. This is particularly essential when re-envisioning historical sites, where the past and heritage of each location play an important role in the transformations of old buildings, which are often complemented by new additions. The distinctive character of the architects' realisations is the result of the interplay between materials and forms, as the sensory experience is an important aspect of their design process. The studio's designs, whether in an urban or natural context, initiate a dialogue with the surroundings through interesting spatial arrangements. Their revitalisations succeed in combining modern flair with the charm of the past.

HILBERINKBOSCH architecten werd in 1996 opgericht door Annemariken Hilberink en Geert Bosch. Het bureau werkt aan uiteenlopende projecten, variërend van eengezinswoningen en kantoren tot grootschalige stedenbouwkundige studies en zorgvuldig uitgevoerde renovaties. 'Gepassioneerd in het zoeken naar de slimste oplossingen voor complexe opgaven' bestuderen de architecten elke context en het potentieel ervan, maar denken ze ook zorgvuldig na over toekomstige functies. Dit is met name van belang bij het herinrichten van historische locaties, waar het verleden en het erfgoed van elke plek een belangrijke rol spelen bij de transformaties van oude gebouwen, die vaak worden aangevuld met nieuwe toevoegingen. Het onderscheidende karakter van de realisaties van de architecten is het resultaat van het samenspel tussen materialen en vormen, waarbij de zintuiglijke ervaring een belangrijk aspect van hun ontwerpproces is. De ontwerpen van het bureau, zowel in stedelijke als in natuurlijke context, gaan een dialoog aan met de omgeving door middel van interessante ruimtelijke oplossingen. In hun revitalisaties slagen ze erin moderne flair te combineren met de charme van het verleden.

UPSTAIRS

's-Hertogenbosch, The Netherlands, 2020

Filling a small plot in a new, vivid residential area, Upstairs features a striking shape, playfully dynamic and partly cantilevered. The large openings and entrance façade in white concrete give the structure a sense of lightness and elegance. With commercial spaces in the plinth and apartments ranging from 50 to 150 m², the structure has 10 residential storeys and a community roof garden on top of the lower volume.

Gelegen op een klein perceel in een nieuwe, levendige woonwijk, valt Upstairs op door zijn vorm: speels dynamisch en deels uitkragend. De grote openingen en de entreegevel in wit beton geven de structuur een gevoel van lichtheid en elegantie. In de plint bevinden zich commerciële ruimten. Het gebouw telt 10 woonlagen met appartementen variërend van 50 tot 150 m², en heeft boven op het lagere volume een gemeenschappelijke daktuin.

Photo Réne de Wit

TELEVISION PICTURE TUBE FACTORY (BEELDBUIZENFABRIEK)

Eindhoven, The Netherlands, 2021

Drawing from the characteristics of the TV picture tube factory previously on site, the architects have transformed the area into a distinctive residential complex. Among the 80 houses in various configurations, the most striking is the central part topped with saw-tooth roofs. The dynamic shape contrasts with the precision of the brick walls, harmonised with the large, industrial-style openings.

De architecten lieten zich inspireren door de kenmerken van de voormalige beeldbuizenfabriek op deze locatie om het gebied om te vormen tot een uniek wooncomplex. Onder de tachtig woningen in diverse configuraties springt vooral het centrale deel met zijn sheddaken in het oog. De dynamische vorm contrasteert met de strakke precisie van de bakstenen muren, in harmonie met de grote openingen in industriële stijl.

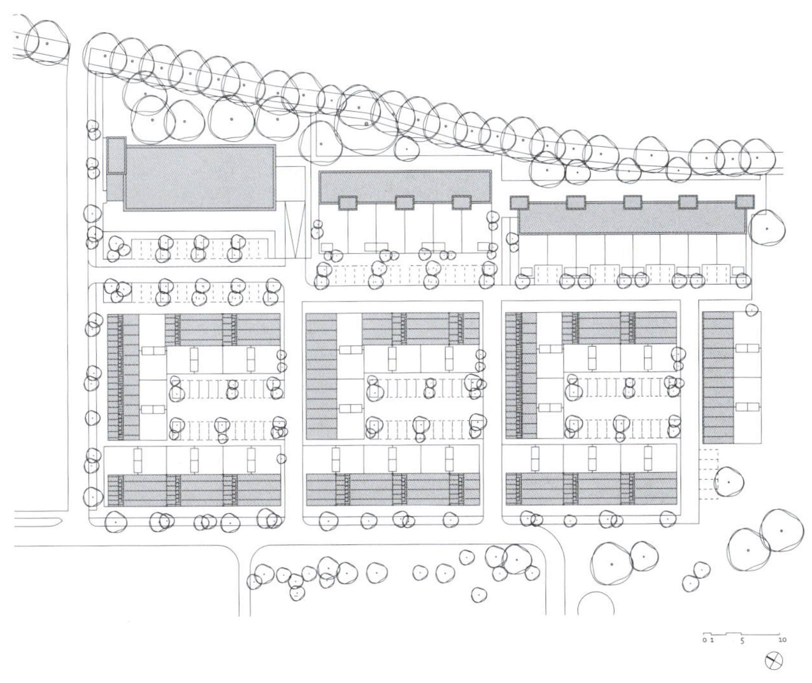

Photos Réne de Wit

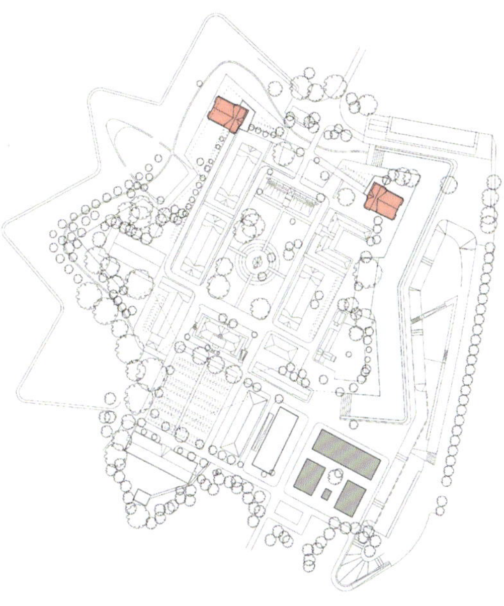

FORT ISABELLA

Vught, The Netherlands, 2022

An original mix of old repurposed barracks with new apartment buildings, envisioned in the same spirit, creates a unique atmosphere in the 17th-century fort. The idea was to turn this historical area into a place full of life through the combination of living, working, and recreation areas. The new housing designed by the architects is quintessentially modern yet with interesting references to the past.

Een originele mix van oude herbestemde kazernes en in dezelfde geest ontworpen nieuwe appartementengebouwen zorgt voor een unieke sfeer in het 17de-eeuwse fort. Het idee was om van deze historische site een levendige plek te maken door de combinatie van woon-, werk- en recreatiezones. De nieuwe woningen die de architecten hebben ontworpen, zijn wezenlijk modern maar bevatten interessante verwijzingen naar het verleden.

Photo Réne de Wit

HOFMANDUJARDIN

Photo Anne Timmer

The Amsterdam-based studio was founded in 1999 by Barbara Dujardin and Michiel Hofman, who continue to be involved in all projects. Focusing on architecture and interior design, a team of around forty envisions buildings and spaces that work well and feel good. The team has coined the term Shaping Intuition® for their design philosophy, based on the well-being of people in their surroundings. The major values shaping the studio's projects are: clarity (the beauty of simplicity), quality (architecture that will last), personal (the unique character of a project), and inspiration (as the foundation of the creative process as well as the result the architects wish to achieve). Through their Shaping Intuition® philosophy, they focus on human needs that may be fulfilled by architecture, including spaciousness with ample light and air to experience freedom in space, groundedness, meaning feeling at ease and secure in a space, expression, which stimulates the senses, and finally connection between spaces and the interior and exterior.

Het in Amsterdam gevestigde bureau werd in 1999 opgericht door Barbara Dujardin en Michiel Hofman. Beiden zijn nog steeds betrokken bij alle architectuur- en interieurprojecten. Het team van een 40-tal architecten en ontwerpers creëert gebouwen en ruimten die goed werken en voelen. Daartoe ontwikkelden ze een eigen ontwerpfilosofie, Shaping Intuition®, die uitgaat van het welzijn van mensen in relatie tot de omgeving. Hun projecten steunen op enkele basiswaarden: helderheid (de schoonheid van eenvoud), kwaliteit (duurzame architectuur), persoonlijkheid (het unieke karakter van een project) en inspiratie (vertrekpunt en einddoel van het creatieve proces). Met hun concept Shaping Intuition® richten ze zich op menselijke behoeften die door architectuur kunnen worden vervuld, zoals ruimtelijkheid, met veel licht en lucht om vrijheid in de ruimte te ervaren; geborgenheid, waardoor iemand zich op z'n gemak en geborgen voelt in een ruimte; expressie, die de zintuigen aanspreekt; en ten slotte verbinding tussen ruimten en tussen interieur en exterieur.

ING CEDAR

Amsterdam, The Netherlands, 2020

Realised in collaboration with Benthem Crouwel Architects, this office building is about openness, connectivity, empowerment, and well-being. The studio designed the full interior, with dynamic floating platforms and staircases criss-crossing two generous atriums. These spaces stimulate collaboration, contribute to a vibrant work environment, and improve the communication between office floors. Plants and art work, as well as the palette of warm hues and natural materials, all create a feeling of empowerment in the space.

In dit kantoorgebouw, dat samen met Benthem Crouwel Architects werd ontworpen, draait alles om openheid, verbinding, empowerment en welzijn. Het bureau tekende het volledige interieur, met dynamische zwevende platforms en trappartijen die de twee grote atria doorkruisen. Deze ruimten bevorderen samenwerking, dragen bij aan een levendige werkomgeving en verbeteren de communicatie tussen de verdiepingen. De planten en kunstwerken, het palet van warme tonen, de natuurlijke materialen, ze versterken allemaal de beleving van deze ruimten.

Photo Matthijs van Roon

Photos Matthijs van Roon

VILLA TONDEN

Tonden, The Netherlands, 2019

Envisioned as the perfect holiday retreat, Villa Tonden consists of three dynamically juxtaposed pitched-roof volumes. Both their shape and wooden structure allow the architecture to fuse with the encompassing forest. The architects establish a direct relation between the inhabitants and nature through large openings in each room that invite the relaxing views inside, including the skylights for observing the stars and tree tops, as well as terraces for enjoying life outdoors.

Villa Tonden, die bedacht is als perfect vakantieverblijf, bestaat uit drie dynamisch naast elkaar geplaatste volumes met een zadeldak. Door hun vorm en houten structuur versmelten de gebouwen met het omliggende bos. De architecten zorgden voor een directe relatie tussen de bewoners en de natuur door middel van grote openingen in elke kamer, die de rustgevende uitzichten binnenlaten, dakramen om de sterren en boomtoppen te bewonderen en terrassen om volop te genieten van het leven buiten.

REMBRANDT PARK ONE

Amsterdam, The Netherlands, 2023

This sustainable renovation of the iconic building designed in 1967 by Frederik Willem de Vlaming celebrates its exceptional location within the Rembrandtpark. With a breakthrough passage to the park, a novel glass pavilion, and two additional glass floors on the roof, the building opens to the surrounding park. As this redeveloped office space will also take on new public functions, the highly communicative transparent face of the building is effectively inviting.

Deze duurzame renovatie van het iconische gebouw dat in 1967 werd ontworpen door Frederik Willem de Vlaming, doet zijn uitzonderlijke ligging in het Rembrandtpark alle eer aan. Met nieuwe volledig glazen gevels op de begane grond, een innovatief glazen paviljoen en twee extra glazen verdiepingen op het dak opent het gebouw zich naar de omliggende natuur. Nu de gerenoveerde kantoorruimte ook nieuwe publieke functies krijgt, werkt de bijzonder communicatieve en transparante uitstraling van het geheel als een uitnodiging.

Photos Matthijs van Roon

INBO

Photo Janus van den Eijnden

INBO is a collective of architects, interior designers, engineers, consultants, and urban planners. The firm has five offices in the Netherlands: Amsterdam, Eindhoven, Heerenveen, Leusden, and Rotterdam. INBO designs spaces that make the urban environment greener and more human-centred, always in collaboration with the people who use these places. This approach results in the highest quality. Their buildings are sustainable, with minimal impact on the planet and optimal performance, even after fifty years. INBO's goal is to create neighbourhoods that are more social and healthier. Therefore, they design places where people, cities, and nature come together: spaces where you can feel at home. Spaces for people.

INBO is een collectief van architecten, interieurarchitecten, bouwkundig ingenieurs, adviseurs en stedenbouwkundigen. Het bureau heeft vijf kantoren in Nederland: Amsterdam, Eindhoven, Heerenveen, Leusden en Rotterdam. INBO ontwerpt ruimtes die de stedelijke omgeving groener en menselijker maken. Altijd samen met de mensen die deze plekken gebruiken. Dat levert de beste kwaliteit. Hun gebouwen zijn duurzaam, met minimale impact op de planeet en een optimale prestatie, ook na vijftig jaar. INBO's doel is om buurten socialer en gezonder te maken. Daarom ontwerpen ze plekken waar mens, stad en natuur elkaar ontmoeten: ruimtes om je thuis te voelen. Ruimte voor mensen.

KAS & CO

Utrecht, The Netherlands, 2019

Q

This multi-generational courtyard housing development is made of individual houses organised around a communal patio with a vegetable garden, children's play area, and an extensive greenhouse with a bar. Made for people of all ages and all family types, the design is an inventive concept of cohabitation. The residents were selected based on a motivation letter explaining what they would like to offer and share with other residents.

Dit meergeneratiehof bestaat uit individuele woningen rondom een gemeenschappelijke patio met een moestuin, een kinderspeelhoek en een ruime kas met een bar. Ontworpen voor mensen van alle leeftijden, is dit een inventief samenwoonconcept. De bewoners werden geselecteerd op basis van een motivatiebrief waarin ze uitlegden wat ze willen bijdragen en delen met andere bewoners.

Photo Rufus de Vries

Photo Rufus de Vries

Photos Charlotte Bogaert

SOLID 1C

Amsterdam, The Netherlands, 2023

For this social housing project, INBO designed an entirely demountable structure. 'The columns and floor sections can be disassembled, and all parts can be reused,' the architects emphasise. For easy adaptation in the future, the layout is flexible and even the installations movable. The residents of the tower share a communal roof terrace. Social interactions are also encouraged through a space for artists on the ground floor.

Voor dit socialehuisvestingsproject ontwierp INBO een geheel demonteerbare structuur. 'De kolommen en de vloerdelen kun je uit elkaar halen en hergebruiken', benadrukken de architecten. Met het oog op een gemakkelijke aanpassing in de toekomst is het appartementencomplex flexibel en zijn zelfs de installaties verplaatsbaar. De bewoners van de toren beschikken over een gemeenschappelijk dakterras. De sociale interactie wordt ook aangemoedigd door een ruimte voor kunstenaars op de begane grond.

KAAN ARCHITECTEN

Photos Titia Hahne

With its headquarters in Rotterdam and offices in São Paulo (since 2015) and Paris (since 2019), KAAN Architecten was founded and is led by Kees Kaan, Vincent Panhuysen, and Dikkie Scipio. The multidisciplinary team of architects, landscape architects, and engineers, as well as urban planners and graphic designers, work dynamically on a truly wide spectrum of projects in the Netherlands and internationally. The architects have expertise in many typologies, especially public buildings for health, retail, education, and culture. Their realisations are characterised by a timelessly elegant mélange of forms and materials as well as by practical and sustainable solutions. 'KAAN Architecten believes in cross-pollination between projects and disciplines as an essential tool to foster a critical debate within the firm,' reads the studio's statement. The writing and academic activities of the team's members add yet another layer to the practice's philosophy and discussion of the discipline, including Dikkie Scipio's quarterly column for 'de Architect' magazine.

KAAN Architecten, opgericht en geleid door Kees Kaan, Vincent Panhuysen en Dikkie Scipio, heeft zijn hoofdkantoor in Rotterdam en kantoren in São Paulo (sinds 2015) en Parijs (sinds 2019). Het multidisciplinaire team van architecten, landschapsarchitecten en ingenieurs, evenals stedenbouwkundigen en grafisch ontwerpers, werkt dynamisch aan een breed spectrum van projecten in Nederland zowel als internationaal. De architecten hebben expertise in diverse typologieën, met name in openbare gebouwen voor gezondheid, detailhandel, onderwijs en cultuur. Hun verwezenlijkingen worden gekenmerkt door een tijdloos elegante mix van vormen en materialen, maar ook door praktische en duurzame oplossingen. KAAN Architecten gelooft in 'kruisbestuiving tussen projecten en disciplines, als essentieel instrument om een kritisch debat binnen het bureau te stimuleren'. Daarnaast dragen de publicaties en academische activiteiten van de teamleden, zoals de driemaandelijkse column van Dikkie Scipio voor het tijdschrift de Architect, nog bij aan de verdieping van de filosofie van het bureau en aan het debat binnen de architectuurwereld.

CREMATORIUM SIESEGEM

Aalst, Belgium, 2019

A modest yet distinctive volume sits centrally on an extensive plot covered with greenery. The large openings and a patio with views of the surroundings realise the architects' aim of giving the visitors consolation in the act of looking at the landscape (designed by Erik Dhont). The minimalist shape of the building highlights the striking blend of materials, including concrete, stone, and marble.

Een bescheiden maar karakteristiek volume staat centraal op een uitgestrekt, met groen bedekt terrein. De grote openingen en een patio met uitzicht op de omgeving realiseren de bedoeling van de architecten om de bezoekers troost te bieden door naar het landschap (ontworpen door Erik Dhont) te kijken. De minimalistische vorm van het gebouw benadrukt de opvallende combinatie van materialen, waaronder beton, steen en marmer.

Photo Simone Bossi

RED APPLE

Rotterdam, The Netherlands, 2009

This 124-metre-high residential tower has become an integral part of Wijnhaven Island in Rotterdam. Aside from apartments, the interestingly cantilevered building also houses offices, restaurants, and shops. These functions are divided between its stacked volumes. Planting the transparent Red Apple on the river Maas made the transformation of the neighbourhood into a residential area even more dynamic.

Deze 124 meter hoge woontoren is een iconisch onderdeel geworden van het Wijnhaven-eiland in Rotterdam. Naast appartementen herbergt het opvallend uitkragende gebouw ook kantoren, restaurants en winkels, verdeeld over de gestapelde volumes. De plaatsing van de transparante Red Apple aan de Maas heeft de omvorming van de wijk tot woongebied nog dynamischer gemaakt.

Photo Ossip van Duivenbode

NEW TIME

Paris, France, 2014

The goal of this renovation was to bring the office building from the 1970s up to today's efficiency and sustainability standards, while preserving its original form. This resulted in improved installations and façades, as well as new solutions, like water from the Seine being used for heating and cooling. The project, realised in collaboration with French studio Ateliers 115, also included extensions to all four wings of the original structure to improve its functionality and prepare the building for possible adjustments in the future.

Het doel van deze renovatie was het kantoorgebouw uit de jaren 1970 aan te passen aan de huidige normen voor efficiëntie en duurzaamheid, maar met behoud van de oorspronkelijke vorm. Dat leidde tot verbeterde voorzieningen en gevels, naast innovatieve oplossingen zoals het gebruik van water uit de Seine voor verwarming en koeling. Het project, dat gerealiseerd werd in samenwerking met het Franse bureau Ateliers 115, omvatte ook uitbreidingen van alle vier de vleugels van de oorspronkelijke structuur om de functionaliteit te verbeteren en het gebouw klaar te maken voor mogelijke toekomstige aanpassingen.

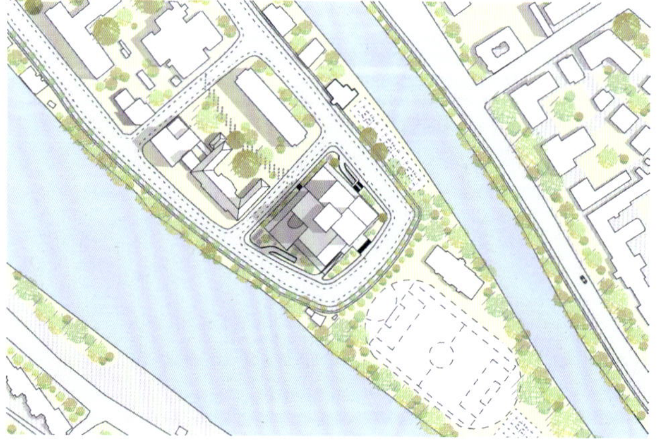

Photo Alexandre Soria

THE G

Photo Ossip van Duivenbode

THE GRID

Amsterdam, The Netherlands, 2021

Located in the new residential neighbourhood of 'Aan het IJ', this original 68-apartment building is made of volumes stacked in a playful way to create generous outdoor spaces. The balconies are a source of natural light and open on every side, dynamising the building. The green courtyard, designed by Buro Sant en Co, and the central lobby are community spaces encouraging social interactions among the inhabitants.

Dit unieke gebouw met 68 appartementen bevindt zich in de nieuwe woonwijk 'Aan het IJ'. Het is opgebouwd uit speels op elkaar gestapelde volumes die royale buitenruimten creëren. De balkons zorgen voor natuurlijk licht en zijn aan alle zijden open, wat het gebouw een eigen dynamiek verleent. De groene binnentuin, ontworpen door Buro Sant en Co, en de centrale lobby dienen als gemeenschappelijke ruimten die de sociale interactie tussen de bewoners stimuleren.

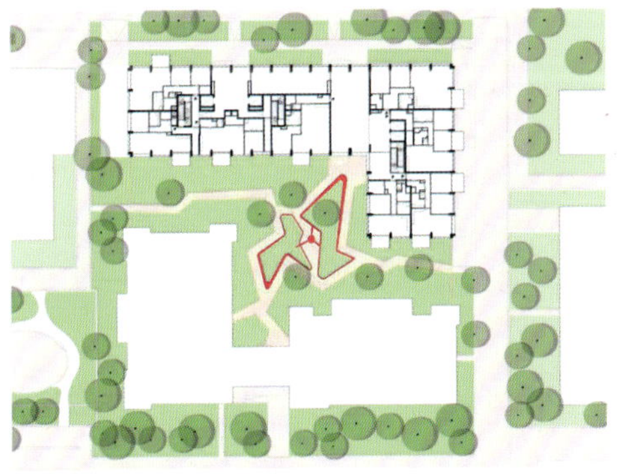

LEVS ARCHITECTEN

Photo LEVS architecten

Designing buildings where people feel at home, creating cities that inspire pride, and building for a sustainable future are the core pillars of LEVS architecten, a firm with over three decades of experience. LEVS specialises in complex urban assignments, driven by what they call a 'realistic idealism' approach. The firm addresses contemporary challenges through innovative solutions. Their expertise spans architecture, urban planning, and engineering, enabling them to take on comprehensive projects with a full-service Building Information Modelling (BIM) workflow. Their data-driven design process allows the studio to collaborate smoothly with all construction partners. As cities grow and available space becomes limited, LEVS creates multifunctional, contextual, and beautiful designs that enhance urban density without compromising quality of life. Committed to Paris Proof building standards, and with self-developed tools such as the Carbon Cost Tracker (CCT), LEVS is a leading firm in developing carbon-based design strategies that reduce the embodied carbon footprint of the built environment.

LEVS architecten ontwerpt gebouwen waar mensen zich thuis voelen, steden waar bewoners trots op zijn, en is koploper in de transitie naar een duurzame bouw. Met meer dan dertig jaar ervaring richt LEVS zich op complexe stedelijke vraagstukken, waarbij hun aanpak wordt gekenmerkt door wat zij 'realistisch idealisme' noemen. Het bureau levert innovatieve en elegante oplossingen voor hedendaagse uitdagingen, met een brede expertise in architectuur, stedenbouw en engineering. Dankzij een geïntegreerde Building Information Modelling (BIM)-workflow kan het bureau uitgebreide projecten volledig begeleiden en efficiënt samenwerken met alle bouwpartners. In een tijd waarin steden groeien en ruimte steeds schaarser wordt, ontwerpt LEVS multifunctionele, contextbewuste en inspirerende oplossingen die bijdragen aan stedelijke verdichting, zonder in te boeten op de leefkwaliteit. Vanuit een toewijding aan Paris Proof bouwen en met zelfontwikkelde tools, zoals de Carbon Cost Tracker (CCT), neemt LEVS een voortrekkersrol in de ontwikkeling van carbon-based designstrategieën die de materiaalgebonden voetafdruk van de gebouwde omgeving verkleinen.

STEPSTONE

Amsterdam Zuidas, The Netherlands, 2023

As an all-sided residential tower, with balconies and large openings, Stepstone offers a high-quality living environment for first-time buyers up to 28 years old. The apartments, between 25 and 60 square metres, are sandwiched between a double-height communal space in the plinth and an exercise area on the roof for the residents. The floor layout has been envisioned to be flexible, with apartments that can be transformed into larger homes.

Dit alzijdige appartementengebouw met balkons en grote openingen biedt een hoogwaardige woonomgeving voor starters tot 28 jaar. De appartementen zijn 25 tot 60 m² groot en zitten gevat tussen een dubbelhoge gemeenschappelijke ontmoetingsruimte in de plint en een sportveld voor de bewoners op het dak. Door het flexibele ontwerp kunnen de appartementen tot grotere woningen worden omgevormd.

Photo Ossip van Duivenbode

DE BOCHT

Amsterdam, The Netherlands, 2021

'Close together but plenty of space' is the motto of the terrace building De Bocht, sitting on the waterfront in the heart of the peninsula in a former industrial port area. Spacious entrances, tranquillity, vistas, and ample light, as well as comfort and intimacy, are some of the building's qualities that the architects focused on. The playful stack embraces an inner garden, accessible to all residents.

'Dicht op elkaar en toch alle ruimte' is het motto van De Bocht. Het gestapelde terrasgebouw staat aan het water, in het hart van het schiereiland waar vroeger een industrieel havengebied was. Ruime entrees, rust, uitzicht en overvloedig licht, intimiteit en comfort zijn enkele van de kwaliteiten waar de architecten veel aandacht aan hebben besteed. De speelse, gestapelde architectuur omgeeft een voor alle bewoners toegankelijke binnentuin.

Photos Ossip van Duivenbode

HARBOUR CLUB

Amsterdam, The Netherlands, 2021

Located in a vibrant new neighbourhood, Harbour Club preserves the original wooden structure and also partly the brick façade of a former wine terminal, complemented by a new residential building. This surprising mix of a restaurant, a soundproof event hall, 81 affordable starter apartments, and ingeniously designed luxury townhouses in steel wine silos on the roof has an industrial look with modern flair.

Door de combinatie van een nieuw woongebouw met de originele houten structuur en een deel van de bakstenen gevel van een voormalige wijnterminal, heeft dit complex een industriële uitstraling met een moderne flair. Het ensemble, dat gelegen is in een dynamische nieuwe wijk, omvat een verrassende mix van een restaurant, een geluiddichte evenemententhal, 81 betaalbare starterswoningen en, op het dak, ingenieus ontworpen luxe stadswoningen in stalen wijnsilo's.

Photos LEVS architecten

167

MARCEL LOK_ARCHITECT

Photo Tim Stet

Marcel Lok founded his Amsterdam-based, multidisciplinary architectural office ML_A in 2008. The team envisions projects in a range of scales across architecture, urban design, and interior design. The architects' goal is 'to produce designs that highlight the layered conditions and history of a particular location', with the emphasis on adding new value, enriching the existing environment, and creating opportunities for social interaction. Many of their projects focus on the relationship between old and new, historical and contemporary; the practice's objectives also include refined detailing and well-formulated floor plans.

Het in Amsterdam gevestigde multidisciplinaire architectenbureau ML_A werd in 2008 opgericht door Marcel Lok. Het team onderneemt projecten op verschillende schalen op het gebied van architectuur, stedenbouw en interieurdesign. Het doel van de architecten is 'ontwerpen te maken die recht doen aan de gelaagde condities en de geschiedenis van een specifieke plek', met de nadruk op het toevoegen van nieuwe waarde, het verrijken van de bestaande omgeving en het creëren van mogelijkheden voor sociale interactie. Veel van hun projecten focussen op de relatie tussen oud en nieuw, historisch en hedendaags; tot de doelstellingen van het bureau behoren ook verfijnde detaillering en goed uitgewerkte plattegronden.

BOSRIJK

Eindhoven, The Netherlands, 2022

The complex of five houses, in the form of interconnected geometric cubes of various sizes, embraces a central, communal courtyard. Envisioned based on the concept of 'living in a forest landscape', each dwelling has a tower and two shorter volumes. Their sculptural arrangement has been planned to optimise sunlight and views for all residents, with façades clad in bamboo.

Dit complex van vijf woningen is ontworpen met het idee 'wonen in een boslandschap' als leidmotief. Het is samengesteld uit volumes van verschillende grootte die een centrale, gemeenschappelijke binnentuin omsluiten. Elke woning bestaat uit een toren en twee lagere volumes. Hun sculpturale opstelling is zodanig ontworpen dat bezonning en uitzicht voor alle bewoners optimaal zijn. De gevels zijn bekleed met bamboe.

Photo Max Hart Nibbrig

Photo Max Hart Nibbrig

Photos Luuk Kramer

HOUTHAVEN

Amsterdam, The Netherlands, 2015

This residential duplex sits on the southern bank of the IJ river in Amsterdam. On the Haparandaweg is a nine-storey building with apartments featuring panoramic views, while on the Houthavenkade is a four- to five-storey building section with quay houses and roof terraces. The industrial character of the port district inspired the selection of the materials - extruded stone with a distinctive masonry grid and muschelkalk natural stone.

Dit dubbele wooncomplex ligt aan de zuidelijke oever van het IJ in Amsterdam. Aan de Haparandaweg staat een gebouw van 9 verdiepingen met appartementen met weids uitzicht, en daarachter aan de Houthavenkade een bouwdeel van 4 tot 5 verdiepingen met kadewoningen en een dakterras. Het industriële karakter van het havengebied inspireerde de keuze van de materialen: strengpersteen met een geprononceerd metselwerkraster en muschelkalk natuursteen.

Photos Luuk Kramer

DOCKLANDS

Amsterdam, The Netherlands, 2015

The 9-storey tower houses 32 apartments, while the 2-storey plinth is home to 13 commercial spaces and a parking garage on the ground level, as well as 12 compact studios on the first floor. A collective rooftop garden on the lower part and a communal rooftop terrace on the tower facilitate social interaction. The building is energy self-sufficient and features innovative climate installations. The outer shell is made of specially produced red-brown bricks.

De 9 verdiepingen tellende toren huisvest 32 appartementen, terwijl de 2 verdiepingen tellende plint op de begane grond 13 commerciële ruimtes en een parkeergarage herbergt, evenals 12 compacte studio's op de eerste verdieping. Een collectieve daktuin op het lagere deel en een gemeenschappelijk dakterras op de toren vergemakkelijken de sociale interactie. Het gebouw is energie-zelfvoorzienend en beschikt over innovatieve klimaatinstallaties. De buitenschil is gemaakt van speciaal voor dit project geproduceerde roodbruine bakstenen.

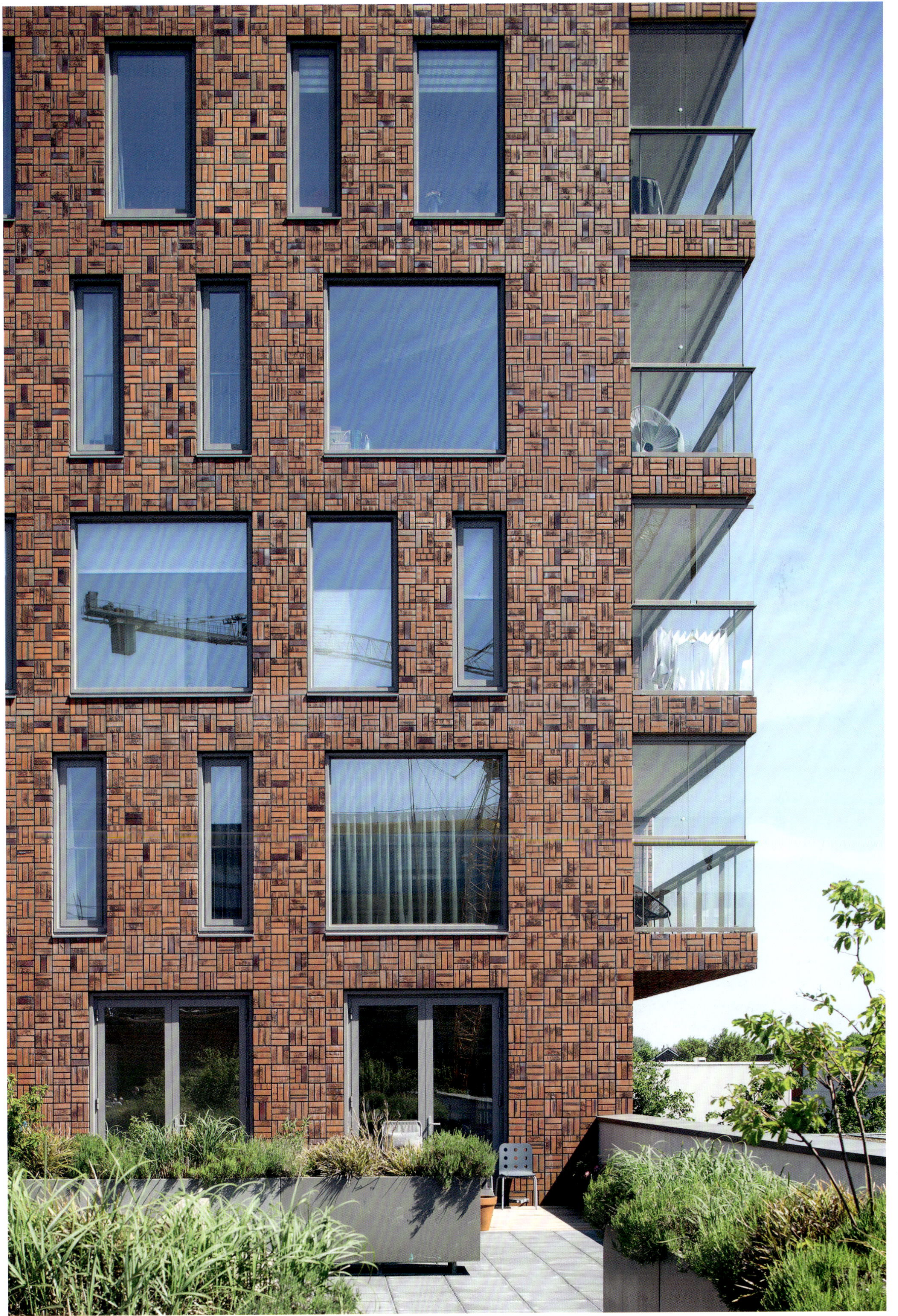

MECANOO

Photo Mecanoo

'Finding identity in a globalised world' is the leitmotif of Mecanoo's multidisciplinary team, led by the founder Francine Houben together with Floris Overheul, Dick van Gameren, Nuno Fontarra, Rick Splinter, and Arne Lijbers. Their wide scope of projects, inspired by global changes as well as a sustainable view of society, ranges from cultural buildings to offices and educational and residential architecture. Urbanism, landscape, interior, and restorations are also important fields for the practice. Each design is envisioned to respond to the four key aspects of the practice's philosophy: People (the user's needs), Place (the physical context, climate, and culture), Purpose (a building's current and potential functions), and last but not least, Poetry (appealing to all the senses). According to Houben, 'what counts in the end is the arrangement of form and emotion'. Contributing to a better world, solving complex challenges, and creating inspiring places for people - as well as buildings prepared for (un)predictable change - are the studio's main goals.

'Identiteit vinden in een geglobaliseerde wereld' is het leidmotief van het multidisciplinaire team van Mecanoo onder leiding van oprichtster Francine Houben, samen met Floris Overheul, Dick van Gameren, Nuno Fontarra, Rick Splinter en Arne Lijbers. Hun brede scala aan projecten, geïnspireerd door wereldwijde veranderingen en een duurzame kijk op de samenleving, varieert van culturele gebouwen tot kantoren zowel als educatieve en residentiële architectuur. Ook stedenbouw, landschap, interieur en restauraties zijn voor Mecanoo belangrijke gebieden. Elk ontwerp dient te beantwoorden aan de vier belangrijkste thema's van de filosofie van het bureau: de mens (de behoeften van de gebruiker), de plek (de fysieke context, het klimaat en de cultuur), het doel (de huidige en potentiële functies van een gebouw) en last but not least poëzie (een beroep doen op alle zintuigen). Volgens Houben 'gaat het uiteindelijk om de ordening van vorm en emotie'. Bijdragen aan een betere wereld, complexe uitdagingen aandurven, inspirerende plekken voor mensen creëren en gebouwen ontwerpen die anticiperen op (on)voorspelbare veranderingen - dat zijn de belangrijkste doelstellingen van de studio.

Photo Ethan Lee

KAOHSIUNG SOCIAL HOUSING

Kaohsiung, Taiwan, 2023

Dynamically fitting into a triangular plot, this exceptional residential complex is made of two buildings connected by a green canopy. This visually playful answer to the need for affordable housing is unlike typical housing blocks in Taiwan. A total of 245 apartments vary in size to accommodate the needs of a wide range of users, while numerous collective spaces are co-created by the inhabitants.

Dit uitzonderlijke wooncomplex bestaat uit twee gebouwen, met elkaar verbonden door een groene overkapping, die dynamisch ingepast zijn in een driehoekig perceel. Dit visueel speelse antwoord op de behoefte aan betaalbare woningen onderscheidt zich nadrukkelijk van de typische woonblokken in Taiwan. Het bevat 245 appartementen, variërend in grootte om tegemoet te komen aan de behoeften van een breed scala aan gebruikers. Er zijn ook talrijke gemeenschappelijke ruimtes die door de bewoners mede worden gedefinieerd.

Photo Ethan Lee

Photos Ossip Architectuurfotografie

VILLA BW

Schoorl, The Netherlands, 2022

The striking, double-curved roof is created as the result of two overlapping shapes - a gable roofline on the dune side and a horizontal roof on the polder side connect the volume with the landscape. The monolithic character of the villa is enhanced by the façade and roof cladding, made of custom ceramic tiles. Their multicolour glazing, animated by the natural light, echoes the natural surroundings with a blending effect.

Het opvallende, dubbel gebogen dak is het resultaat van de combinatie van twee vormen: het zadeldak met puntgevel aan de duinzijde gaat aan de polderzijde glooiend over in een horizontaal dak. Het verbindt het bouwvolume met het omliggende landschap. De speciaal ontworpen en op maat gemaakte keramische tegels waarmee de gevels en het dak zijn bekleed, versterken het monolithische karakter van de villa. Hun veelkleurige beglazing komt door het natuurlijke licht tot leven en weerspiegelt op levendige wijze de omgeving.

Photo Greg Holmes Photography

KAMPUS

Manchester, United Kingdom, 2021

When transforming the former Manchester Metropolitan University campus, the architects decided to combine the historical architecture – Victorian brick canal-side warehouses and the 1964 concrete tower – with new structures defined by playful openings in the brick walls and a roofscape characteristic of Dutch houses and clad in profiled metal. The transparent plinth houses a vibrant selection of cafés, shops, and restaurants.

Bij de transformatie van de voormalige campus van de Manchester Metropolitan University besloten de architecten om de historische architectuur – de victoriaanse bakstenen pakhuizen aan het water en de betonnen toren uit 1964 – te combineren met nieuwe structuren. Kenmerkend voor die nieuwe bouwvolumes zijn de speelse openingen in de bakstenen muren en een daklandschap met karakteristieke 'Hollandse' huizen, bekleed met geprofileerd metaal. De transparante plint herbergt een levendig aanbod aan cafés, winkels en restaurants.

MVRDV

Photo Erik Smits

Working globally with the headquarters in Rotterdam and offices in Shanghai, Paris, Berlin, and New York, MVRDV was established by Winy Maas, Jacob van Rijs, and Nathalie de Vries in 1993. For over three decades their team of more than three hundred architects, designers, and urbanists has developed concepts for diverse typologies and various scales, including transformations of many outdated buildings. Innovation, experimentation, the bold use of colour, a research-based design method, and original forms, often inspired by nature, are some of the signature features of the practice. Together with the Delft University of Technology, the studio runs an independent think tank and research institute, The Why Factory, which resulted in a treatise on how to incorporate plants into buildings and the Vertical Village, a vision intended to enhance urban life. Their in-house Climate Team collaborates with design teams to implement the best sustainable solutions. 'We enable cities and landscapes to develop towards a better future,' the architects proudly state.

MVRDV is een Nederlands architectenbureau dat in 1993 werd opgericht door Winy Maas, Jacob van Rijs en Nathalie de Vries. Het bureau is gevestigd in Rotterdam maar is wereldwijd actief, met kantoren in Shanghai, Parijs, Berlijn en New York. Al meer dan drie decennia ontwikkelt het team van meer dan driehonderd architecten, ontwerpers en stedenbouwkundigen concepten voor diverse typologieën en op verschillende schalen, waaronder heel wat transformaties van verouderde gebouwen. De benadering van het bureau wordt gekenmerkt door innovatie, experiment, gedurfd kleurgebruik, een op onderzoek gebaseerde ontwerpmethode en originele vormen, vaak geïnspireerd door de natuur. Samen met de Technische Universiteit Delft runt MVRDV een onafhankelijke denktank en onderzoeksinstituut, 'The Why Factory'. Dat resulteerde in een studie over het integreren van planten in gebouwen, en in publicaties zoals The Vertical Village, bedoeld om het stadsleven te verbeteren. Het bureau heeft een eigen Climate Team dat samenwerkt met ontwerpteams om de beste duurzame oplossingen te implementeren. 'We stellen steden en landschappen in staat zich te ontwikkelen naar een betere toekomst', zo verklaren de architecten trots.

THE CANYON

San Francisco, USA, 2023

Part of the new neighbourhood, Mission Rock, overlooking San Francisco Bay, the Canyon's striking shape draws from California's geology. The five-storey plinth with offices, shops, and restaurants is cut diagonally, creating a public 'canyon' walkway, and is topped by a residential tower for middle-income residents. On the eastern side facing the water, step-backs and overhangs evoke a steep rocky wall, enhanced by the red-brown façade.

The Canyon maakt deel uit van de nieuwe wijk Mission Rock aan de baai van San Francisco. De opvallende vorm is geïnspireerd door de geologie van Californië. Een 5 verdiepingen tellende plint met kantoren, winkels en restaurants is diagonaal doorsneden door een 'kloof' die als wandelweg fungeert. Daarboven verrijst een woontoren, bestemd voor bewoners met een gemiddeld inkomen. Met zijn vele trappen en overstekken, elementen die ook terug te vinden zijn in de oostelijke gevel van de toren, doet het complex denken aan een steile rotswand. Dat effect wordt nog versterkt door de roodbruine gevel.

Photos Jason O'Rear

DEPOT BOIJMANS VAN BEUNINGEN

Rotterdam, The Netherlands, 2021

The world's first publicly accessible art storage facility focuses on the interaction with its visitors. With objects organised according to size and climate requirements, the space offers guided tours, as well as a rooftop forest and restaurant to enjoy. The unusual shape of the volume limits the footprint and optimises the storage space, while the mirrored façade blending the structure into the park is made of 1,664 glass panels.

Het eerste publiek toegankelijke kunstdepot ter wereld richt zich op de interactie met zijn bezoekers. De objecten zijn gerangschikt op basis van grootte en klimaatvereisten. Er worden rondleidingen aangeboden en er is een daktuin met daarin een restaurant. De ongewone vorm van het gebouw beperkt de ecologische voetafdruk en optimaliseert de opslagruimte. De gevel, gemaakt van 1664 glazen panelen, weerspiegelt de omgeving en laat de structuur in het park opgaan.

Photo Ossip van Duivenbode

Photo Lukas Drobny

HAUS 1

Berlin, Germany, 2023

The studio's second project (following TON1) was envisioned as part of Atelier Gardens at the southern edge of Berlin's former Tempelhof Airport. The transformation of an office building from the 1990s resulted in a striking and vibrant volume, housing offices, a workshop, a café/bar, and co-working space, covered with a new, sustainable timber rooftop pavilion and terrace. The project has been developed in collaboration with Hirschmüller Schindele Architekten.

Haus 1 was (na TON1) het tweede project van MVRDV voor de campus Atelier Gardens aan de zuidelijke rand van de voormalige luchthaven Tempelhof in Berlijn. De transformatie van een kantoorgebouw uit de jaren 1990 resulteerde in een opvallend en levendig volume met kantoren, een werkplaats, een café en een coworkingruimte. Op het dak bevindt zich een nieuw, duurzaam houten dakpaviljoen met terras. Het project werd ontwikkeld in samenwerking met Hirschmüller Schindele Architekten.

MVSA ARCHITECTS

Photo Suitable Images

With offices in Amsterdam, Rotterdam, and Switzerland, MVSA brings its expertise to a wide range of projects, embraced – from concept to completion – by their team of exterior and interior architects, structural engineers, sustainability experts, and product designers. Their mission, as they firmly state, is 'to enhance the well-being of users, the environment of our buildings, and the biodiversity around them'. Their use of innovative materials and optimal solutions to lessen buildings' impact on the environment have led to future-proof and nature-inclusive concepts, impressive in their visual originality. The functionality and efficiency of their designs is enriched by their added emotional value – the buildings are tailored to the needs of their context and to the welfare of future users. The architects aim to combine 'pragmatism with architectural poetry' and the result is quite striking across various scales and typologies. To face the numerous challenges of tomorrow, the studio has created an innovation and research platform, MIRAI (meaning 'future' in Japanese), which looks into social issues, sustainability, circularity, and climate adaptivity, to name but a few important fields.

Dit architectenbureau met kantoren in Amsterdam, Rotterdam en Zwitserland zet zijn expertise in voor een breed scala aan projecten, waarbij hun team van exterieur- en interieurarchitecten, bouwkundig ingenieurs, duurzaamheidsexperts en productontwerpers het gehele proces – van ontwerp tot oplevering – begeleidt. Hun missie, zo verklaren ze met stelligheid, is 'het welzijn van de gebruikers te verhogen, de omgeving van onze gebouwen te verbeteren en de biodiversiteit eromheen te bevorderen'. Het gebruik van innovatieve materialen en optimale oplossingen om de impact van gebouwen op het milieu te verminderen, heeft geleid tot toekomstbestendige en natuurinclusieve concepten, indrukwekkend in hun visuele originaliteit. De functionaliteit en efficiëntie van hun ontwerpen worden verrijkt met een extra emotionele waarde – de gebouwen zijn afgestemd op de behoeften van hun omgeving en het welzijn van de toekomstige gebruikers. De architecten streven ernaar om 'pragmatisme te combineren met architectonische poëzie', en het resultaat is op indrukwekkende wijze zichtbaar in diverse schalen en typologieën. Om de vele uitdagingen van de toekomst aan te gaan, heeft het bureau het innovatie- en onderzoeksplatform MIRAI (Japans voor 'toekomst') opgericht. Dat platform richt zich op maatschappelijke vraagstukken, duurzaamheid, circulariteit en klimaatadaptiviteit, om slechts enkele belangrijke thema's te noemen.

THE PULSE OF AMSTERDAM

Amsterdam, The Netherlands, 2024

This development and its vivid mixing of functions have transformative potential for the whole district of Zuidas. MVSA envisioned an office tower with solar panels integrated in the facade, while VMX Architects designed the adjoining residential tower. The two towers are connected by a plinth housing leisure functions including cafés, restaurants, a cinema, and a supermarket, as well as an urban forest spectacularly placed on its roof, 35 metres above the ground.

Dit bouwproject met zijn levendige vermenging van functies heeft de potentie om de hele Zuidas te transformeren. MVSA ontwierp een kantoortoren met in de gevel geïntegreerde zonnepanelen, VMX Architects dacht de aangrenzende woontoren uit. De twee torens zijn met elkaar verbonden door een plint met vrijetijdsfuncties zoals cafés, restaurants, een bioscoop en een supermarkt, met daarbovenop een spectaculair stadsbos op een hoogte van 35 meter.

Photo Marcel Steinbach

Photo Ronald Tilleman

WONDERWOODS

Utrecht, The Netherlands, 2024

The architects' powerful answer to the rapidly growing density of the urban environment of Utrecht highlights the role of nature in the heart of the city. The two non-identical sustainable towers are a skilfully planned combination of living and working spaces with a vertical park. The project was co-produced by Stefano Boeri Architetti, with each studio designing one of the towers covered by lavish vegetation.

Het krachtige antwoord van de architecten op de snel toenemende stedelijke dichtheid van Utrecht benadrukt de rol van de natuur in het hart van de stad. De twee niet-identieke duurzame torens zijn een doordacht samengestelde combinatie van woon- en werkruimten met een verticaal park. Het project werd geproduceerd in samenwerking met Stefano Boerri Architetti, waarbij elk bureau verantwoordelijk was voor het ontwerp van een van de torens, beide bedekt met weelderige begroeiing.

WESTFIELD MALL OF THE NETHERLANDS

Leidschendam, The Netherlands, 2021

The spectacular refurbishment of an outdated mall takes the concept of shopping to an entirely new level. The dynamically curved roof invites visitors into the spacious and elegant interior, offering an exceptional customer experience. This vibrant meeting spot is much more than a gigantic collection of shops thanks to the introduction of various new functions, like a cinema, car wash, 'dog hotel', and numerous restaurants and cafés.

De spectaculaire renovatie van een verouderd winkelcentrum tilt het concept van shoppen naar een geheel nieuw niveau. Het dynamisch gebogen dak nodigt bezoekers uit in de ruime, elegante interieurs, waar hen een bijzondere ervaring wacht. Deze bruisende ontmoetingsplek is meer dan een gigantische verzameling winkels: met nieuwe functies zoals een cinema, een autowasstraat, een 'hondenhotel' en talrijke restaurants en cafés is er voor elk wat wils.

Westfield
MALL OF THE NETHERLANDS

Photo Joni Isreali

NEUTELINGS RIEDIJK ARCHITECTEN

Photo Ronald Schlundt Bodien

The Rotterdam-based studio was founded in 1987 by Willem Jan Neutelings and Michiel Riedijk. Since 2020 Riedijk has led the office together with managing director Carl Meeusen. The focus of their portfolio is multifunctional buildings, with an emphasis on public and cultural programmes. The architects, who develop new architecture as well as working on the reuse and renovation of existing buildings, aim to strike the perfect balance between complex functions, the challenging urban context, and the highest performance in sustainability. Envisioning future-oriented designs, they focus on achieving long-lasting quality. 'To address the urgent issue of climate change, sustainability, circular concepts, biodiversity, and the use of bio-based materials are self-evident objectives in all of our projects,' they state. Integrating green and nature-based solutions are another objective in their design process. The studio's distinctive aesthetics is often the result of collaboration with visual artists and designers, who contribute dedicated works of art that are integrated into buildings.

Dit Rotterdamse bureau werd in 1987 opgericht door Willem Jan Neutelings en Michiel Riedijk. Het wordt sinds 2020 geleid door Riedijk, samen met managing director Carl Meeusen. De focus ligt op multifunctionele gebouwen, vooral projecten met een publiek en cultureel karakter. Naast de ontwikkeling van nieuwe architectuur worden ook de renovatie en herbestemming van bestaande gebouwen aangepakt. De architecten streven naar een ideale balans tussen complexe functies, een uitdagende stedelijke context en de hoogste duurzaamheidsvereisten. Vanuit hun sterk toekomstgerichte visie ontstaan ontwerpen met een blijvende kwaliteit. 'Door het urgente klimaatprobleem vinden we het vanzelfsprekend om duurzaamheid, circulariteit, biodiversiteit en de toepassing van biobased materialen voorop te stellen in al onze projecten.' De architecten integreren graag groen en op de natuur gebaseerde elementen in hun ontwerpen. Kenmerkend voor de esthetiek van het bureau is ook de samenwerking met beeldend kunstenaars en designers, die leidt tot sitespecifieke kunstwerken.

GARE MARITIME

Brussels, Belgium, 2020

Formerly a large railway station, today Gare Maritime is a perfectly sustainable building with a mixed programme combining working, shopping, and public spaces. As part of the transformation, the interiors of three larger and four smaller pre-existing halls have been filled with 12 new pavilions to create a city-like space, all under the original steel roof, which works beautifully with the new cross-laminated timber structure.

Gare Maritime, een voormalig goederenstation, is getransformeerd tot een duurzaam gebouw met een gemengd programma waarin werken, winkelen en openbare ruimte samenkomen. Onder de gigantische originele overkappingen werden in de drie grote en vier kleinere bestaande hallen twaalf nieuwe paviljoenen ondergebracht die een stedelijke omgeving creëren. Het oude stalen dak past prachtig bij de nieuwe houtstructuur van Cross Laminated Timber (CLT).

Photo Filip Dujardin

NATURALIS BIODIVERSITY CENTER

Leiden, The Netherlands, 2019

This striking complex consists of a newly designed museum and laboratories as well as the existing buildings housing offices and depots. The central atrium, which functions as a connection, emerges as a 'three-dimensional concrete structure in the form of interlocking molecules as a lace of ovals, triangles, and hexagons'. The interior is decorated with 263 panels of white frieze envisioned by Dutch fashion designer Iris van Herpen.

Dit opvallende architecturale geheel bestaat uit een nieuwbouw met een museum en laboratoria en een oudbouw met kantoren en depots. Het grote atrium, de centrale verbindingsruimte, is een 'driedimensionale betonnen draagstructuur in de vorm van in elkaar grijpende moleculen, als een kantwerk van ovalen, driehoeken en zeshoeken'. Het interieur is versierd met witte friezen bestaande uit 263 panelen die zijn ontworpen door de Nederlandse modeontwerpster Iris van Herpen.

Photo Scagliola Brakkee

Photo Sarah Blee

CITY HISTORY MUSEUM MAS

Antwerp, Belgium, 2010

Each level in this 60-metre tower is rotated 90 degrees in relation to the previous one, which results in a vertical promenade from the public square to the roof though stacked exhibition galleries. The undulating glass layers between the hand-quarried Indian sandstone volumes create an intriguing optical illusion. The large mosaic in front of the museum has been designed in collaboration with Belgian artist Luc Tuymans.

Elk niveau van de 60 meter hoge toren is 90 graden gedraaid ten opzichte van het vorige, waardoor een verticale promenade ontstaat van de begane grond tot het dak, langs boven elkaar gelegen tentoonstellingszalen. De gegolfde beglazing tussen volumes van met de hand gehouwen Indiase zandsteen creëert een bijzondere optische illusie. Voor het museum ligt een groot mozaïek, dat samen met de Belgische kunstenaar Luc Tuymans werd ontworpen.

NEXT ARCHITECTS

Photos NEXT architects

Founded in 1999 by Bart Reuser, Marijn Schenk, and Michel Schreinemachers, NEXT architects is headquartered in Amsterdam and since 2004 also has a second office in Beijing, China, founded by John van de Water. The practice began with an explorative tour around the globe's metropolises, an experience that highly informed the architects' further design embracing architecture, urban planning, and infrastructure. Another important element in their portfolio are the high-profile bridges that are placed in their environments, whether urban or natural, in a very considered manner. 'The common thread in our work is connection,' stress the architects. 'With the context of our buildings and in the collaboration in multidisciplinary teams, we design places to meet and connect our assignments with the larger social themes,' they explain. Local challenges, like water management and the future of the Netherlands in general, are strong driving forces for new architecture, with their mission to connect and play a significant role in society.

Dit architectenbureau, in 1999 opgericht door Bart Reuser, Marijn Schenk en Michel Schreinemachers, heeft zijn hoofdkwartier in Amsterdam en sinds 2004 ook een tweede vestiging in Beijing, China, opgericht door John van de Water. Het bureau begon met een verkennende reis langs de metropolen van de wereld, en die ervaring had grote invloed op hun latere ontwerpen, die architectuur, stedenbouw en infrastructuur omarmen. Een belangrijk onderdeel van hun portfolio zijn de spraakmakende bruggen, die op een doordachte wijze in hun omgeving worden geplaatst, of dit nu een stedelijk of natuurlijk landschap betreft. 'De rode draad in ons werk is verbinding', benadrukken de architecten. 'Met de context van onze gebouwen en door de samenwerking binnen multidisciplinaire teams ontwerpen we plekken om elkaar te ontmoeten, en koppelen we onze opdrachten aan bredere maatschappelijke thema's.' Lokale uitdagingen, zoals waterbeheer en de toekomst van Nederland in het algemeen, vormen sterke drijfveren voor nieuwe architectuur. Met hun missie om verbinding te creëren, willen ze een betekenisvolle rol spelen in de samenleving.

Photo Jeroen Musch

KBF WAREHOUSE

Amsterdam, The Netherlands, 2024

Formerly a production hall, this complex building has been transformed into a dynamic office space that brings modern flair to the heritage site. The original stone building has been enriched with steel and glass elements, preserving its industrial character. The interiors, made of wood and based on a flexible layout for diverse office units, offer comfortable and inspiring spaces to work.

Dit complexe gebouw, een voormalige productiehal, werd omgevormd tot een dynamische kantoorruimte die een moderne flair geeft aan deze erfgoedsite. Door het oorspronkelijke stenen gebouw te verrijken met stalen en glazen elementen bleef het industriële karakter behouden. De binnenruimten, uitgevoerd in hout en gebaseerd op een flexibele lay-out met het oog op diverse kantoormogelijkheden, bieden een aangename en inspirerende werkomgeving.

WAAG WOENSEL-WEST

Eindhoven, The Netherlands, 2023

The impressive revitalisation of the 1930s neighbourhood of Woensel-West in Eindhoven has turned it into a vibrant and dynamic area. Waag Woensel-West, designed by NEXT architects, is a multifunctional community building combined with apartments (the design is flexible for different housing configurations and potential new functions). The distinctive orange volume sits on its own square with an inviting transparent base topped with a shared outdoor living space on the rooftop terrace.

De indrukwekkende vernieuwing heeft van de Eindhovense wijk Woensel-West een bruisende en dynamische buurt gemaakt. Waag Woensel-West, ontworpen door NEXT architects, is een multifunctioneel gemeenschapsgebouw gecombineerd met appartementen; het ontwerp biedt mogelijkheid voor verschillende woningconfiguraties en nieuwe functies. Het kenmerkende oranje volume staat op een eigen plein en heeft een uitnodigende transparante plint en een gedeelde buitenruimte op het dakterras.

Photo Loes van Duijvendijk

HOLLAND DAFANG CREATIVE VILLAGE

Dafang, China, 2020

The revitalisation of the ancient rural village of Dafang, known for arts and crafts, made NEXT architects responsible for the master plan, architecture, and interior design. Strikingly bringing together the new and old, the architects designed a museum, library, and artist studio, among other buildings, for creative collaborations between Dutch and Chinese artists. As references to the historical architecture, a new watchtower and public hall bring back life to this scenic village. The project was realised in collaboration with IVEM (Dutch Institute for Heritage and Marketing), Smartland landscape architects, Total Design, and Linda Vlassenrood.

Bij de revitalisering van het oude plattelandsdorp Dafang, bekend om zijn kunstnijverheid, was NEXT architects verantwoordelijk voor het masterplan, de architectuur en het interieurontwerp. Naast andere gebouwen ontwierpen de architecten een museum, bibliotheek en kunstenaarsatelier voor creatieve samenwerkingen tussen Nederlandse en Chinese kunstenaars, waarin ze oud en nieuw op een opvallende manier samenbrachten: een nieuwe uitkijktoren en een openbare hal, als verwijzingen naar de historische architectuur, brengen dit schilderachtige dorp weer tot leven. Het project is tot stand gekomen in samenwerking met IVEM (Instituut Voor Erfgoed en Marketing), Smartland landschapsarchitecten, Total Design en Linda Vlassenrood.

Xiao Kaixiong and He Wentao

Photo Xiao Kaixiong and He Wentao

OFFICE WINHOV

Photo Office Winhov

This Amsterdam-based team of 30 architects working internationally presents a unique approach to architecture. In pursuit of buildings that will withstand the test of time and remain relevant in their usability and aesthetics, they very carefully consider the context. Envisioning architecture that will fit perfectly into its environment, and will define it at the same time, does not necessarily require the creation of a new building for the studio, who strongly advocate for reusing existing buildings. Their masterly executed reconversions are striking thanks to their attention to detail, choice of materials, and craftsmanship, which demonstrate a perfect balance between old and new. As distinctive as their buildings are, they also function perfectly in line with the users' demands. This holistic way of designing is understood as key for sustainability, which for the architects 'is more than just the conscious use of energy, materials, and the environment'. They emphasise that 'it must also acknowledge the social, economic, cultural agility, and resilience a city needs to face in the future'.

Dit in Amsterdam gevestigde en internationaal werkende team van 30 architecten heeft een heel eigen visie op architectuur. Omdat ze gebouwen willen realiseren die lang meegaan en door hun bruikbaarheid en schoonheid relevant blijven, besteden ze veel aandacht aan een goed begrip van de context. Architectuur die perfect in een omgeving past en deze tegelijk ook mee bepaalt, hoeft volgens hen niet noodzakelijk nieuwbouw te zijn. Office Winhov pleit voor het hergebruik van bestaande gebouwen. Hun reconversies zijn prachtige verwezenlijkingen die blijk geven van oog voor detail, juiste materiaalkeuze en vakmanschap, wat leidt tot een perfect evenwicht tussen oud en nieuw. Bovendien beantwoordt hun architectuur, hoe bijzonder ze ook is, steeds zorgvuldig aan de eisen van de gebruikers. De holistische benadering van het ontwerpproces beschouwen zij als essentieel voor duurzaam bouwen, een concept dat voor hen meer is 'dan alleen maar bewust omgaan met energie, materialen en milieu'. Ze benadrukken dat duurzaam bouwen ook betekent 'rekening houden met de sociale, economische en culturele beweeglijkheid en veerkracht waarmee een stad in de toekomst te maken zal krijgen'.

SUD RESIDENTIAL BUILDING

Kop Zuidas, Amsterdam, The Netherlands, 2020

Facing the central square of the Zuidas district in Amsterdam, SUD is visually striking thanks to its dynamic shape and half-brick block bond façade, which pays tribute to Amsterdam's traditional residential buildings. The nuanced hues of the outer shell are enhanced by the klinker bricks in the bay windows. The building features commercial spaces in the plinth and an underground parking garage, while the upper floors house 45 comfortably designed flats with numerous outdoor areas.

Frontaal gelegen aan het centrale plein van de Zuidas in Amsterdam springt SUD in het oog door zijn dynamische vorm en het halfsteense blokverband van de gevel, die zodoende verwijst naar de traditionele monumentale woongebouwen in de stad. De rijke kleurnuances van het metselwerk worden versterkt door de klinkerstenen in de erkers. Er is een ondergrondse parkeergarage. De plint van het gebouw bestaat uit bedrijfs- en winkelruimten. Daarboven bevinden zich 45 comfortabele appartementen met meerdere buitenruimten.

Photo Stefan Müller

PILLOWS GRAND BOUTIQUE HOTEL MAURITS AT THE PARK

Amsterdam, The Netherlands, 2023

This project, combining a transformation and a new wing extension of the former university laboratory, resulted in an elegant 5-star hotel that is harmonically integrated with the surroundings – each wing was envisioned to initiate its own dialogue with the park. Drawing from the historical part designed in the early 20th century, the architects used brick as the main material, yet employed it with a contemporary twist.

Dit project omvatte een transformatie van het voormalige universiteitslaboratorium en een nieuwe vleugeluitbreiding om een elegant 5-sterrenhotel te realiseren in harmonie met de omgeving, waarbij elke vleugel zijn eigen dialoog met het park aangaat. Geïnspireerd door het historische gedeelte dat begin 20ste eeuw werd ontworpen, gebruikten de architecten baksteen als belangrijkste materiaal, maar wel met een hedendaagse twist.

Photos Stefan Müller

Albert Heijn

Photos Stefan Müller

OFFICE BUILDING FREDERIKSPLEIN

Amsterdam, The Netherlands, 2022

The goal of the transformation of the former insurance bank building, constructed in the late 1960s, into a sustainable and comfortable office space was to retain its original spirit and sense of plasticity, rhythm, and signature roof endings. The entirely new interior design resulted in a simple yet elegantly executed layout with a central core surrounded by an open network of meeting rooms.

Het uit 1967 daterende gebouw van een voormalige verzekeringsbank werd getransformeerd tot een duurzame en comfortabele kantoorruimte met behoud van het oorspronkelijke karakter, de plasticiteit, het ritme en de bijzondere dakbeëindigingen. Het nieuwe interieurontwerp presenteert een eenvoudige, stijlvol uitgevoerde indeling met een transparante centrale kern en een open netwerk van vergaderruimten eromheen.

OMA

Photo Arthur Wong

Founded in 1975 by Rem Koolhaas, Elia and Zoe Zenghelis, and Madelon Vriesendorp, the architectural practice OMA (Office for Metropolitan Architecture) works internationally from four offices in Rotterdam, New York, Hongkong, and Australia. Led today by seven partners – Rem Koolhaas, Reinier de Graaf, Shohei Shigematsu, Iyad Alsaka, Chris van Duijn, Jason Long, and David Gianotten – the studio has been a global leader in the discipline for many decades. Numerous projects including De Rotterdam (2013), Fondazione Prada in Milan (2018), Axel Springer Campus in Berlin (2020), and the Simone Veil Bridge in Bordeaux (2024) have become iconic elements of cityscapes around the world. The studio's innovative technologies and materials as well as their original architectural language result in extraordinary expressions. An important part of the practice is AMO, a research and design studio employing an architectural approach to other domains including fashion and catwalk shows. The two entities keenly collaborate to, as the studio describes it, 'fertilise architecture with intelligence from an array of disciplines'.

Het architectenbureau OMA (Office for Metropolitan Architecture), in 1975 opgericht door Rem Koolhaas, Elia en Zoe Zenghelis en Madelon Vriesdorp, werkt internationaal vanuit vier kantoren in Rotterdam, New York, Hong Kong en Australië. Het bureau, dat tegenwoordig geleid wordt door zeven partners – Rem Koolhaas, Reinier de Graaf, Shohei Shigematsu, Iyad Alsaka, Chris van Duijn, Jason Long en David Gianotten – is al tientallen jaren een wereldleider in zijn vakgebied. Talrijke projecten, waaronder De Rotterdam (2013), Fondazione Prada in Milaan (2018), Axel Springer Campus in Berlijn (2020) en de Simone Veilbrug in Bordeaux (2024), zijn uitgegroeid tot iconische elementen in stadsgezichten over de hele wereld. Het bureau onderscheidt zich door innovatieve technologieën en materialen evenals een originele vormentaal, wat resulteert in buitengewone creaties. Een belangrijke afdeling van het bureau is AMO, een onderzoeks- en ontwerpstudio die een architecturale benadering toepast op andere domeinen, zoals mode en catwalkshows. De twee entiteiten werken nauw samen om, zoals het bureau het omschrijft, 'architectuur te verrijken met kennis uit diverse disciplines'.

GALLERIA

Gwanggyo, South Korea, 2020

A branch of Korea's first and largest department store, the Gwanggyo Galleria store has been realised with great panache. Enveloped on one side by high-rise apartment houses and on the other by the Suwon Gwanggyo Lake Park, the volume stands out with its mosaic stone texture. Distinctively marked with multifaceted glass elements in the façade is a public route leading from the pavement up to the roof garden.

Galleria is Korea's grootste warenhuisketen, en haar filiaal in Gwanggyo is met veel flair ontworpen en gerealiseerd. Het gebouw, gelegen tussen hoogbouwappartementen en het Gwanggyo Lake Park (Suwon), valt op door zijn mozaïekachtige textuur. Wat vooral de aandacht trekt is de route die, gevat in een omhulsel van veelkleurige glazen facetten, vanaf het trottoir rond en door het gebouw helemaal naar de daktuin leidt.

Photo Hong Sung Jun

Photo Tony Vingerhoets

NHOW AMSTERDAM RAI HOTEL

Amsterdam, The Netherlands, 2020

Its strikingly shifted volumes distinguish the 91-metre-high building that has become a beacon of the dynamic Zuidas district in Amsterdam. The aluminium structure features glass panels, adding lightness to the complex volume and enhancing the visual illusion of movement. The 'On Air' space on the top floors of the hotel offers meeting and conference rooms, lounges, and even a broadcasting studio, also accessible to the public.

Met zijn opvallend verspringende, driehoekige volumes onderscheidt dit 91 meter hoge gebouw zich als een baken in de dynamische Zuidas in Amsterdam. De aluminium structuur is voorzien van glazen panelen die het complexe volume een zekere lichtheid verlenen en de visuele illusie van beweging versterken. De 'On Air'-zone op de bovenverdieping biedt een reeks openbare en semiopenbare voorzieningen zoals vergader- en conferentiezalen, lounges en zelfs een televisiestudio.

POTATO HEAD STUDIOS

Bali, Indonesia, 2020

Envisioned as a holiday resort that would be a space shared with the Balinese community, the Potato Head Studios' scheme, with an open ground-level public plaza and a private roof garden, is a reference to the raised courtyards typically seen in Indonesia. Its floating ring resting on pilotis with a sculptural park on the rooftop blends smoothly into the context.

Potato Head Suites & Studios is opgezet als een vakantieresort dat niet exclusief voor de gasten bestemd is maar ook gedeeld wordt met de Balinese gemeenschap. Het ontwerp, met een openbare plaza op de begane grond en een privédaktuin, verwijst naar de verhoogde binnenplaatsen die typisch zijn voor Indonesië. De zwevende ring, ondersteund door pijlers, met een sculpturaal park op het dak, sluit perfect aan op de omgeving.

Photo Kevin Mak

ORANGE ARCHITECTS

Photo Orange Architects

The Rotterdam-based office was founded by Patrick Meijers and Jeroen Schipper more than 15 years ago. Their goal is to design attractive buildings, creating inspiring surroundings as well as pleasant places to live, work, or relax, and last but not least to make sustainable and well-programmed urban landscapes, which the studio finds to be the biggest mission. Their diverse portfolio includes a range of designs sensitive to their contexts and echoing the spirit of the place and local traditions, while demonstrating innovative concepts and contemporary design. The architects collaborate with experts at all stages to apply their integral approach to sustainability, which they define based on three pillars – World, We, and Value. 'World' represents the importance of making a positive impact on nature and the environment, where only sustainable materials are used and the consumption of energy and water is efficiently reduced in buildings with both flexible and circular design. 'We' refers to the positive impact a building should have on the health and well-being of its users, while 'Value' means the way the building contributes to the local context – physically, socially, and economically.

Het in Rotterdam gevestigde bureau werd ruim 25 jaar geleden opgericht door Patrick Meijers en Jeroen Schipper. Deze architecten willen interessante gebouwen ontwerpen en inspirerende leefomgevingen creëren waar je aangenaam kunt wonen, werken en ontspannen. Volgens hen is het maken van duurzame en goed geprogrammeerde stadslandschappen de grootste uitdaging voor de toekomst. Hun gevarieerd portfolio bevat ontwerpen die zich kenmerken door innovatieve ideeën en een eigentijds design terwijl ze tegelijk een gevoel voor de context, de geest van de plek en de lokale cultuur weerspiegelen. In elke fase van een project werken de architecten samen met experts om tot een alomvattende duurzame aanpak te komen, op basis van drie pijlers: Wereld, Wij en Waarde. 'Wereld' staat voor het belang van een positieve impact op natuur en milieu, de toepassing van duurzame materialen en het efficiënte reduceren van energie- en waterverbruik in gebouwen die zowel flexibel als circulair ontworpen zijn. 'Wij' verwijst naar de gunstige invloed die een gebouw moet hebben op de gezondheid en het welzijn van de gebruikers. 'Waarde' slaat op de toegevoegde waarde die aan de lokale context wordt gegeven – fysiek, sociaal, economisch.

S-WEST

Eindhoven, The Netherlands, 2021

An intriguing compilation of four residential buildings – each distinctive in its own way through its shape and outer shell – comes together as a subtle visual reference to the industrial past of the area that has been transformed into a new, vibrant district. The 60-metre-tall tower 'Frits', hefty corner block 'Frederik', linear block 'Maria', and smaller L-shaped block 'Benjamin' are interconnected through a green courtyard.

Het intrigerende ensemble van vier woongebouwen, elk met een eigen karakter door een andere vorm en buitenschil, vormt als geheel een subtiele visuele verwijzing naar het industriële verleden van de plek, die tot een levendige nieuwe wijk is getransformeerd. De 60 meter hoge toren 'Frits', het robuuste hoekblok 'Frederik', het lineaire blok 'Maria' en het kleine L-vormige blok 'Benjamin' staan via twee groene binnentuinen in verbinding met elkaar.

Photo Sebastian van Damme

Photos Sebastian van Damme

JONAS

Amsterdam, The Netherlands, 2022

Facing the harbour of IJburg in Amsterdam, the diamond-shaped Jonas residential building houses 273 apartments and different amenities. Its striking, sculptural façade seems to undulate while reflecting the water. The architectural concept is based on creating a sustainable residential landscape with various collective facilities. The highlights of this nature-inclusive building, made entirely of European Douglas wood, are the rooftop beach and the forest patio.

Het ruitvormige gebouw Jonas, aan de haven van IJburg in Amsterdam, herbergt 273 appartementen en diverse voorzieningen. De opvallende sculpturale gevel weerkaatst het water en lijkt zachtjes te golven. Het architectonisch concept is gebaseerd op het maken van een duurzaam woonlandschap met diverse collectieve voorzieningen. Enkele bijzondere elementen van dit natuurinclusieve gebouw, dat volledig van Europees douglashout is gemaakt, zijn het dakstrand en de bospatio.

Photo Stijn Poelstra

Photo Sebastian van Damme

HOLIDAY HOME

De Koog, Texel, The Netherlands, 2021

Made with a prefabricated roof and walls, the tiny yet flexible, compact yet spacious Holiday Home is made of timber and all electric. It employs a number of sustainable features including the nearly invisible solar panels on the roof, natural ventilation, and high insulation of the façades, roof, and windows. The architects designed the space innovatively so it can be divided as required during the day.

Het compacte, flexibele en ruimtelijke Holiday Home heeft een prefab opbouw, is gemaakt in houtbouw en is all electric. Er zijn duurzame oplossingen in verwerkt, zoals de haast onzichtbare zonnepanelen op het dak, de natuurlijke ventilatie, de hoge mate van isolatie van gevels, dak en ramen. De architecten maakten de binnenruimte op een innovatieve manier aanpasbaar naar het gebruik gedurende de dag.

Photos Sebastian van Damme

PAUL DE RUITER ARCHITECTS

Photo Aiste Rakauskaite

Paul de Ruiter established his office in Amsterdam in 1994 after gaining experience in leading architectural studios in Canada, Australia, and the Netherlands. From the outset, innovative sustainability has been at the core of the practice. De Ruiter first described his philosophy in his 1992 PhD thesis 'The Chameleon Skin', claiming that buildings should produce rather than consume energy, in both a technical way and concerning the occupants - architecture should create a pleasant atmosphere and support the well-being of its inhabitants. According to the studio's approach, environmentally friendly buildings should be easily adaptable to evolving needs, favour recycled and bio-based materials, and obtain and conserve energy with excellent performance thanks to façades that make the best of solar energy and structures designed using sustainable systems and technologies, reducing the consumption of energy. Another important aspect is promoting biodiversity through green roofs and walls or indoor gardens, which are healthy for both inhabitants and the environment. Last but not least, this sustainable vision is realised without compromising on the visual appeal of the architecture.

Paul de Ruiter richtte zijn bureau op in Amsterdam in 1994, na ervaring te hebben opgedaan bij toonaangevende architectenbureaus in Canada, Australië en Nederland. Vanaf het begin staat innovatieve duurzaamheid voor hem centraal. De Ruiter beschreef zijn filosofie voor het eerst in zijn proefschrift uit 1992, 'The Chameleon Skin', waarin hij stelde dat gebouwen energie zouden moeten produceren in plaats van verbruiken - zowel in letterlijke, technische zin als figuurlijk voor de gebruikers: architectuur moet een prettige sfeer creëren en bijdragen aan het welzijn van de bewoners. Volgens de opvatting van het bureau moeten milieuvriendelijke gebouwen eenvoudig aanpasbaar zijn aan veranderende behoeften, de voorkeur geven aan gerecyclede en biobased materialen, en energie opwekken en besparen met uitstekende prestaties. Dat wordt mogelijk gemaakt door gevels die optimaal gebruik maken van zonne-energie en structuren die zijn ontworpen met duurzame systemen en technologieën, om het energieverbruik te minimaliseren. Een ander belangrijk aspect is het bevorderen van biodiversiteit, bijvoorbeeld door groene daken en gevels of binnentuinen, die zowel gezond zijn voor de bewoners als voor het milieu. Tot slot wordt deze duurzame visie gerealiseerd zonder in te leveren op de esthetiek van de architectuur.

LANGEVELD BUILDING / ERASMUS UNIVERSITY

Rotterdam, The Netherlands, 2023

Envisioned as a circular and energy-neutral multifunctional university building, Langeveld Building produces renewable energy and features a revolutionary ventilation system driven by wind power and solar heat, reducing energy consumption by up to 85 per cent. Greenery and wooden elements (including real tree trunks in the atrium's construction) together with the transparent façade create a connection with the surroundings and a pleasant atmosphere. The floor layout, devoid of columns, provides ample flexibility for diverse adaptations. The project was realised in collaboration with Royal BAM Group, responsible for the construction.

Ontworpen als een circulair en energieneutraal, multifunctioneel universiteitsgebouw, produceert Langeveld hernieuwbare energie en beschikt het over een revolutionair ventilatiesysteem aangedreven door wind- en zonne-energie. Dat resulteert in 85 procent minder energieverbruik. Veel groen en houten elementen (onder andere drie boomstammen in het atrium) zorgen, samen met de transparante gevel, voor een connectie met de omgeving en een aangename sfeer. De vloerindeling zonder kolommen creëert een flexibele ruimte waarin diverse aanpassingen mogelijk zijn. Het project werd gerealiseerd in samenwerking met bouwconcern Koninklijke BAM Groep.

Photo Aiste Rakauskaite

Photo Aiste Rakauskaite

Photos Aiste Rakauskaite

LLOYD YARD

Rotterdam, The Netherlands, 2024

In the heart of the city's former port, Lloyd Yard is a new complex of six residential blocks characterised by geometric façades and raw-looking aesthetics. Sustainable and energy-neutral, the development illustrates one of the studio's statements: 'Our architecture is all about connecting people'. This is accomplished through communal outdoor spaces and shared roofs (with a vegetable garden and a rooftop greenhouse). The project has been envisioned together with ZUS and WE Architecten.

In het hart van het voormalige havengebied verrijst Lloyd Yard, een nieuw complex van zes woonblokken gekenmerkt door geometrische gevels en een ruwe uitstraling. Dit duurzame en energieneutrale project illustreert een van de uitspraken van het bureau: 'Bij onze architectuur draait alles om het verbinden van mensen.' Dit wordt gerealiseerd door gemeenschappelijke buitenruimten en gedeelde daken (met een moestuin en een kas op het dak). Het project is ontworpen in samenwerking met ZUS en WE Architecten.

Photo Aiste Rakauskaite

POWERHOUSE COMPANY

Photos Casper Rila

The Rotterdam-based architectural firm has been designing innovative, environmentally friendly, and aesthetically original buildings since 2005. Run by the founder, Nanne de Ru, accompanied by Paul Stavert, Stefan Prins, Sander Apperlo, Johanne Borthne, and Albert Takashi Richters, the team of 100 strives for meaningful spaces with profound forms that have the power to enhance users' lives. Their transformation projects, villas, future-proof workspaces, sustainable mixed-use developments, residential complexes, and impactful public projects, all far from obvious, are born at the intersection of function, aesthetics, and context (historical as well as future) in order to 'shape a future where architecture transcends the ordinary'. Sustainability plays a special role in the design process - the studio's buildings are not only envisioned to have minimum impact on the environment but also to offer maximum mental and physical well-being to their users. They employ efficient construction methods with a well-balanced use of materials and energy, and above all circularity and reuse, setting the direction for the highest environmental standards.

Sinds 2005 ontwerpt dit Rotterdamse architectenbureau innovatieve, milieuvriendelijke en esthetisch originele gebouwen. Een team van meer dan 100 architecten en ingenieurs onder leiding van oprichter Nanne de Ru samen met Paul Stavert, Stefan Prins, Sander Apperlo, Johanne Borthne en Albert Takashi Richters, streeft naar betekenisvolle ruimtes met krachtige vormen die de levenskwaliteit van de gebruikers verbeteren. Hun transformatieprojecten, villa's, toekomstbestendige werkruimte, duurzame projecten voor gemengd gebruik, wooncomplexen en indrukwekkende openbare projecten, allemaal verre van vanzelfsprekend, ontstaan op het snijvlak van functie, esthetiek en context (zowel historisch als toekomstig) om 'vorm te geven aan een toekomst waarin architectuur het alledaagse overstijgt'. In het ontwerpproces speelt duurzaamheid een bijzondere rol - de gebouwen van het bureau zijn bedoeld om hun gebruikers maximaal mentaal en fysiek welzijn te bieden met een minimale impact op het milieu. Ze maken gebruik van efficiënte bouwmethoden met goed uitgebalanceerde keuzes van materialen en energie, en vooral circulariteit en hergebruik, waarmee ze richtinggevend zijn voor de hoogste milieunormen.

BUNKER TOWER

Eindhoven, The Netherlands, 2023

The concrete Bunker, designed by Hugh Maskaant in 1969, has been perfectly restored while also receiving a distinctive addition in the form of a 100-metre-high residential tower. The use of natural stone is a reference to the brutalist heritage of the bunker, but it also enhances the monolithic character of the tower, which stands out against the surrounding park.

De betonnen Bunker, ontworpen door Hugh Maaskant in 1969, werd perfect gerestaureerd en kreeg bovendien een heel bijzondere toevoeging in de vorm van een 100 meter hoge woontoren. Het natuursteen dat erin is gebruikt, verwijst naar het brutalistische erfgoed van de Bunker, maar versterkt ook het monolithische karakter van de toren, die afsteekt tegen het omliggende park.

Photo Anna Odulińska

FLOATING OFFICE ROTTERDAM (FOR)

Rotterdam, The Netherlands, 2021

An excellent example of circularity, this climate-resistant building is striking thanks to its scale. To reduce the carbon footprint, the architects selected wood for the structure, which sits on a floating platform. The water of the Rijnhaven harbour is used to cool the building, while the roof becomes an energy source from the solar panels. FOR houses offices, a restaurant, and a floating swimming pool.

Dit klimaatbestendige, drijvende kantorencomplex is een uitstekend voorbeeld van circulair bouwen en valt op door zijn beperkte schaal. Om de ecologische voetafdruk te verkleinen, kozen de architecten hout voor de structuur, die op een drijvend platform staat. Het water van de Rijnhaven wordt gebruikt om het gebouw te koelen, zonnepanelen op het dak zorgen voor de nodige energie. FOR herbergt kantoren, een restaurant en een zwembad.

Photo Marcel Ijzerman

LOOP OF WISDOM

Chengdu, China, 2020

The project envisioned for a technology museum and reception centre in Chengdu, China, creates a spectacular and quite unusual public space with its Möbius-like form. The curvaceous, dynamic shape in a vibrant red hue invites visitors to explore it (as a place to walk or run) while still remaining in a harmonious relationship with the surrounding landscape, mimicking its undulations.

Met zijn Möbiusachtige vorm creëert dit project voor een technologiemuseum en ontvangstcentrum in Chengdu, China, een spectaculaire en volstrekt ongewone openbare ruimte. Het felrode, golvende pad dat de twee gebouwen met elkaar verbindt, nodigt uit tot verkennen, wandelen of joggen, terwijl het in een harmonieuze relatie met de omgeving de glooiingen van het omringende landschap volgt.

Photos Jonathan Leijonhufvud

Photo Jonathan Leijonhufvud

RENÉ VAN ZUUK ARCHITECTS

Photo Maarten Feenstra

René van Zuuk established his Almere-based practice in 1992 to work on a diversity of projects, from residential and office buildings to infrastructure. Construction and building technology as well as the use of materials are approached in an experimental way that pushes the boundaries of the discipline and allows for expressive forms. 'A special building makes people find ways to preserve the building,' explains the architect. The context of each project is decisive, which is why the studio's starting point is always an urban model of the site, and these surroundings help to determine both the size and shape of a new building. What is essential in the practice's design process is sustainability. Adaptability and energy management are intertwined with a building's appearance to deliver architecture that is not only environmentally friendly and high-quality but also cost-conscious. The studio's designs are expressive, each in its own way, yet all have expressive forms that make them resonate with their environments in a most extraordinary way.

René van Zuuk richtte zijn bureau in Almere op in 1992. Sindsdien werkt hij aan uiteenlopende projecten, variërend van woon- en kantoorgebouwen tot infrastructuur. Constructie, bouwtechniek en materiaalgebruik worden op een experimentele manier benaderd: zo worden de grenzen van de discipline verlegd en expressieve vormen mogelijk gemaakt. 'Een bijzonder gebouw zorgt ervoor dat mensen manieren vinden om het te behouden', legt de architect uit. Voor elk project is de context bepalend. Daarom vertrekt het bureau altijd vanuit een stedenbouwkundig model van de locatie, waarbij de omgeving helpt om zowel de omvang als de vorm van een nieuw gebouw te bedenken. In het ontwerpproces wordt aan duurzaamheid het hoogste belang gehecht. Aanpasbaarheid en energiebeheer bepalen mee hoe een gebouw er gaat uitzien, en dat resulteert in architectuur die niet alleen milieuvriendelijk en van hoge kwaliteit is, maar ook kostenefficiënt. De ontwerpen van het bureau zijn elk op hun eigen manier expressief, met vormen die op een buitengewone manier aansluiten bij en resoneren met hun omgeving.

PRINS CLAUS BRIDGE

Dordrecht, The Netherlands, 2021

Prins Claus Bridge's playful shape is perfectly adapted to the particular conditions on the site – while the structure is only five metres above water, it required unlimited vertical clearance for passing boats. To address this, the architects decided to employ a bascule bridge with a rotating pylon of spectacular size and form, resembling the tail of a large sea creature. The bridge's complex mechanics are turned into aesthetics and its mere opening and closing into a spectacle.

De speelse vorm van de Prins Clausbrug is perfect afgestemd op de specifieke omstandigheden van de locatie: de constructie bevindt zich slechts vijf meter boven het water, maar voor passerende boten was onbeperkte verticale doorvaart vereist. Om dat te realiseren, kozen de architecten voor een basculebrug met een roterende pyloon van spectaculaire afmetingen en vorm, die doet denken aan de staart van een groot zeedier. De complexe mechaniek van de brug heeft een esthetische vorm gekregen, en het openen en sluiten ervan is een waar schouwspel.

Photo René van Zuuk Architects

Photo René van Zuuk Architects

SUYDERSEEBOULEVARD

Lelystad, The Netherlands, 2019

The concept of this original housing unit is based on the same living module, shifted in a way that results in a variety of types of apartments and houses. The ensemble of intriguingly shifted and cantilevered volumes creates a dynamic and vibrant community living environment. The architects achieved a visual balance between the different parts, with red brick bonding them as the cohesive element.

Het concept van deze unieke woonunit is gebaseerd op één woonmodule waarmee, door stapelen, verschuiven en uitkragen, een verscheidenheid van typen appartementen en huizen wordt gecreëerd. De architecten hebben een visuele balans bereikt tussen de verschillende onderdelen - waarbij de rode baksteen als het verbindende element fungeert - en daarmee een levendige en dynamische woonomgeving tot stand gebracht.

Photos René van Zuuk Architects

Photos René van Zuuk Architects

BELVEDERE RESIDENTIAL TOWER

Hilversum, The Netherlands, 2018

In conversation with six residential towers constructed nearby in the 1980s, the Belvedere Tower's shape draws from an analysis of the urban landscape. 'The tower sequence ends exactly in a bend of the bypass, the Oosterengweg, one of the main roads of Hilversum,' explains the studio. The striking sculptural arrangement was also informed by the challenging constraints of the plot and ensures that sunlight reaches the balconies of all 55 apartments.

De Belvederetoren sluit aan op een reeks van zes bestaande woontorens uit de jaren 1980. Zijn vorm is gebaseerd op een analyse van het stedelijke landschap. Het perceel waarop hij gebouwd is, bevindt zich in een bocht van de rondweg, de Oosterengweg, een van de hoofdwegen van Hilversum. Die ligging en de beperkte oppervlakte brachten een aantal uitdagende beperkingen met zich mee. De architecten vonden daarvoor een oplossing door de toren zijn opvallende sculpturale vorm te geven, die er ook voor zorgt dat het zonlicht de balkons van alle 55 appartementen bereikt.

RONALD JANSSEN ARCHITECTEN (RJA)

Photo Willem van den Hoed

Ronald Janssen established his Amsterdam-based architectural office in 1999. For more than two decades the studio has worked on a scope of projects ranging from small-scale urban design and architecture to interior design. The architectural language of the practice is characterised by geometry with an original approach to rhythms and the nuanced play of volumes, which make their buildings timeless yet distinctive. Due to their interesting material choices and juxtapositions, the results are often sculptural. The studio also realises successful renovations and transformations of historical buildings that fluently combine the old and new in intriguing ways. A striking part of the practice's portfolio are retreats and villas envisioned in scenic Spanish landscapes, which often incorporate greenery to immerse the architecture into nature. Each building, whether in an urban or natural context, is designed in a dialogue with its direct surroundings to work well within its local environment.

Ronald Janssen richtte in 1999 zijn architectenbureau in Amsterdam op. Al meer dan twee decennia werkt de studio aan een scala aan projecten, variërend van kleinschalige stedenbouwkundige ontwerpen en architectuur tot interieurontwerp. De architectonische taal van het architectenbureau wordt gekenmerkt door geometrie, met een originele benadering van ritmes en het genuanceerde spel van volumes, wat hun gebouwen tijdloos maakt en tegelijk karakteristiek. Door hun interessante materiaalkeuzes en contrasten hebben de ontwerpen vaak een sculpturaal karakter. Het bureau realiseert ook succesvolle renovaties en transformaties van historische gebouwen, waarbij oud en nieuw op intrigerende wijze naadloos worden gecombineerd. Een opvallend onderdeel van het portfolio zijn retreats en villa's in schilderachtige Spaanse landschappen, waarin vaak groen is geïntegreerd om de architectuur op te laten gaan in de natuur. Elk gebouw, of het zich nu in een stedelijke of natuurlijke setting bevindt, wordt ontworpen in dialoog met zijn directe omgeving om goed te werken binnen de lokale context.

VILLA F28

Monte Mayor, Spain, 2024

Ronald Janssen Architecten has designed many stunning villas highlighting the natural beauty of the Iberian Peninsula, like F28 in Spain. Scenically located on slopes covered with lush vegetation, these dream-like residencies open towards the landscapes, offering not only comfortable living spaces, but also spectacular panoramas. Despite their distinctive geometry, the expansive villas are perfectly harmonised with the surroundings, as the multilevel arrangements are informed by the hilly topography of the plots.

Ronald Janssen Architecten heeft vele prachtige villa's ontworpen die de natuurlijke schoonheid van het Iberisch Schiereiland benadrukken, zoals F28 in Spanje. Schitterend gelegen op weelderig begroeide hellingen openen deze exclusieve woningen zich naar het landschap en bieden ze niet alleen comfortabele woonruimten, maar ook spectaculaire panorama's. Ondanks hun kenmerkende geometrische vormen gaan deze riante villa's naadloos op in de omgeving, dankzij hun meerlagige indeling die afgestemd is op de heuvelachtige topografie van de percelen.

Photo Mario Moreno

Photo Mario Moreno

Photo Simone Bossi

SIMONSZ

Amsterdam, The Netherlands, 2019

Windows play an important role in Simonsz, a 19-apartment building along a narrow street. The dynamic arrangement of large vertical concrete slabs creates a visual play between the structure and the large openings – a reference to Amsterdam's slanting historical houses. The 44-metre façade has been carefully adjusted to the pre-existing buildings, while the ground-floor flats feature back patios and the upper-floor apartments loggias on a gallery.

Ramen spelen een belangrijke rol in Simonsz, een gebouw met 19 appartementen aan een smalle straat. De dynamische schikking van grote verticale betonnen platen creëert een visueel spel tussen de constructie en de grote openingen – een verwijzing naar de scheefstaande historische panden van Amsterdam. De 44 meter lange gevel is zorgvuldig aangepast aan de bestaande bebouwing. De appartementen op de begane grond hebben patio's aan de achterzijde, terwijl de bovenverdiepingen beschikken over loggia's aan een galerij.

DE TANDWIELENFABRIEK

Amsterdam, The Netherlands, 2015

The architecture firm has transformed this brick warehouse from the early 20th century into spacious lofts in a way that preserves the historical flair of the building. The entrance and the toilets and technical functions are located on the ground floor, while the bedrooms with access to roof terraces are located on the newly constructed first floor. Due to the notably high ceilings, the spaces can be flexibly arranged.

Het architectenbureau heeft dit bakstenen pakhuis uit de vroege 20ste eeuw getransformeerd tot een woningencomplex met 12 ruime lofts, waarbij het historische karakter van het gebouw werd behouden. De entree en de toiletten en technische functies zijn op de begane grond samengebracht, terwijl de slaapkamers met toegang tot dakterrassen zich op de nieuw gebouwde eerste verdieping bevinden. Door de opvallend hoge ruimte zijn ze flexibel in te richten.

Photo Luuk Kramer

SPACE&MATTER

Photo Tom Kolnaar

Specialists of innovative solutions to complex urban challenges, the Amsterdam-based Space&Matter was established in 2009 by Sascha Glasl, Tjeerd Haccou, and Marthijn Pool. As pioneers in floating developments and circular buildings, they draw from expertise in various disciplines. Experts on waterfront projects, the team envisions spatially and functionally innovative projects that explore concepts for the realities of climate change. With their mission to create a better future, the studio aims to design holistic visions with three objectives – community, collaboration, and circularity. Whether working on strategies, buildings, or neighbourhoods, their idea is to involve the end users in the process. With trust that collaborative design has the power to build strong and, most of all, fair cities, they foster collective engagement, which is followed by the valuable exchange of ideas. 'We love undertaking sustainable, unconventional, and meaningful projects that connect people with each other and the built environment,' emphasise the architects.

Dit in Amsterdam gevestigde bureau is gespecialiseerd in innovatieve oplossingen voor complexe stedelijke uitdagingen. Het werd in 2009 opgericht door Sascha Glasl, Tjeerd Haccou en Marthijn Pool. Als pioniers inzake drijvende oplossingen en circulaire gebouwen steunen ze op expertise uit verschillende disciplines. In het licht van de klimaatverandering onderzoeken deze waterkantexperts concepten voor ruimtelijk en functioneel innovatieve projecten. Ze beschouwen het als hun missie om een betere toekomst te scheppen en doen dit vanuit een holistische visie op het ontwerpwerk, namelijk vanuit drie kernbegrippen: gemeenschap, samenwerking en circulariteit. Of het nu strategieën, gebouwen of buurten betreft, altijd willen ze de eindgebruikers bij het proces betrekken. Ze zijn ervan overtuigd dat dit co-creëren tot sterke en vooral eerlijke steden kan leiden. Daarom streven ze naar samenwerkingen en verrijkende uitwisselingen van ideeën. De architecten benadrukken: 'We houden ervan om duurzame, onconventionele en betekenisvolle projecten te ondernemen die mensen met elkaar en de gebouwde omgeving verbinden.'

DE CEUVEL

Amsterdam, The Netherlands, 2014

This project involved the community-driven transformation of the polluted plot of a former shipyard into a vibrant spot. The ingenious idea of using houseboats without any foundations left the land untouched. In the spirit of reuse and mobility, the houseboats are connected with a winding bamboo walkway, while polluted soil is purified with new green technologies. The site's renewable energy production, compost toilets, and biofilters, saving water, make it a highly sustainable development.

Een vervuilde industriële zone werd getransformeerd tot een levendige plek, de Ceuvel. Voor dit door de gemeente aangedreven ingenieuze experiment werden woonboten met fundering en al geplaatst op land dat best onaangeroerd bleef. Het project is gebaseerd op ideeën van hergebruik en mobiliteit. Een meanderende bamboe steiger verbindt de woonboten. De vervuilde grond wordt gezuiverd via nieuwe groene technologieën. Door de productie van hernieuwbare energie, de composttoiletten en waterbesparende biofiltratiesystemen is dit kantorenpark een duurzame onderneming bij uitstek.

Photo Martijn van Wijk

SCHOONSCHIP

Amsterdam, The Netherlands, 2021

Probably the studio's most famous realisation is a circular, floating development initiated by a group of enthusiasts wishing to live in a sustainable community on the water. Space&Matter designed the urban plan, plot passport, and smart jetty connecting all 46 houses. A solution for rising sea levels, it ingeniously pushes the boundaries of circularity.

Wellicht de bekendste verwezenlijking van het bureau is de circulair ontworpen, drijvende wijk Schoonschip. Die ontstond op initiatief van een groep enthousiastelingen die droomden van een duurzame woongemeenschap op het water. Space&Matter ontwierp het stedenbouwkundig plan, het kavelpaspoort en de slimme steiger die de 46 woningen met elkaar en met de kade verbindt. De wijk biedt een oplossing voor de stijgende zeespiegel en verlegt op ingenieuze wijze de grenzen van de circulariteit.

Photos Alan Jensen

WIJ_LAND

Amsterdam, The Netherlands, 2023

The goal of this project was to reinvent the way people live together in multifamily houses as a close-knit community of diverse residents. At the core of the design process, initiated by a self-build collective, were three principles: sharing, diversity, and sustainability. The climate-adaptive wij_land houses 26 varied homes as well as five communal spaces, enhancing the shared aspects of everyday living.

De visie achter dit project was het creëren van een nieuwe hechtere samenwoonvorm voor mensen in meergezinswoningen. Het idee ging uit van een zelfbouwcollectief, dat voor het ontwerpproces drie principes hanteerde: delen, diversiteit en duurzaamheid. Het klimaatadaptieve wij_land omvat 26 gevarieerde woningen en vijf collectieve ruimten, waardoor de gemeenschappelijke aspecten van het dagelijks leven worden versterkt.

Photos Marcel van der Burg

Photo Marcel van der Burg

TEAM V

Photo Ineke Oostveen

Founded in 2013, this Amsterdam-based firm is directed by Jeroen van Schooten and Do Janne Vermeulen, together with associate architects Irène Horvers and Frank Bouwman. Known for a very collaborative mode of working and a multidisciplinary approach, the team embraces a wide scope of scales and typology, which allows them to create inspiring cross-references. From public buildings to high-density housing to transit hubs, they aim to design architecture that will have a significant social, cultural, and sustainable impact. Open to unconventional and bold solutions, relentlessly looking for innovation, and inspired by the sense of place while also responding precisely to the brief are some of the studio's main hallmarks. For Team V, architecture is what connects and brings people together. 'We believe a building is not finished when it is ready to inhabit. This is when its lifecycle begins,' they state: 'it is ready to contribute to people, culture, and society.'

Het in 2013 opgerichte Team V is gevestigd in Amsterdam en staat onder leiding van Jeroen van Schooten en Do Janne Vermeulen, samen met associate architecten Irène Horvers en Frank Bouwman. Kenmerkend is de sterk collaboratieve en multidisciplinaire aanpak van het team. Hun werk omvat kleine en grootschalige projecten van uiteenlopende aard, wat geregeld tot inspirerende kruisverwijzingen leidt. Openbare gebouwen, woningen met een hoge dichtheid of drukke passageplekken: steeds wil het team architectuur ontwerpen met een beduidende sociale, culturele en duurzame impact. Dat streven gaat gepaard met openstaan voor onconventionele en gedurfde oplossingen, zoeken naar vernieuwing, aanvoelen van het specifieke van de plek en tegelijk ook precies beantwoorden aan de opdracht. Voor Team V is architectuur iets wat mensen verbindt en samenbrengt: 'Volgens ons is een gebouw niet voltooid op het moment van de ingebruikneming. Dan begint immers de levenscyclus ervan en is het klaar om iets te betekenen voor mensen, cultuur en samenleving.'

HOUSE OF PROVINCE

Arnhem, The Netherlands, 2017

Located in the market square, the original building from the 1950s was thoroughly revitalised and complemented with a new building, nearly doubling its total space for the State Hall, conference centre, offices, and a restaurant. The addition was designed to fit perfectly into the existing street plan. Some of the characteristic features from the historical part were playfully employed in the new one, like the hourglass motif.

Het oorspronkelijke gebouw aan de Markt dateerde van de jaren 50. Het werd grondig gerenoveerd en uitgebreid met een nieuwe vleugel, waardoor de totale ruimte bijna verdubbelde. In het Huis der Provincie zijn vandaag de Statenzaal, een conferentiecentrum, kantoren en een restaurant ondergebracht. De uitbreiding werd zo ontworpen dat ze perfect in het bestaande stratenplan past. Sommige typische elementen van het historische gedeelte, zoals het zandlopermotief, werden op een speelse manier in de nieuwbouw geïntegreerd.

Photo Jannes Linders

Photo Jannes Linders

HAUT

Amsterdam, The Netherlands, 2022

This 21-storey residential tower, 73 metres high, houses 52 apartments varying in size, a commercial space in the plinth, and an underground car park with cycle storage. While the foundations, basement, and core are constructed in concrete, the floors and walls are built with timber from sustainable forestry production. The solar panels are incorporated into the façade and roof, while the cooling is sourced from the ground.

Deze 73 meter hoge woontoren telt 21 verdiepingen en omvat 52 appartementen van verschillende grootte, een handelsruimte in de plint en een ondergrondse parkeergarage met fietsenstalling. Voor de funderingen, kelder en kern werd beton gebruikt, voor de vloeren en muren hout uit duurzame bosbouwproductie. De zonnepanelen zijn in de gevel en het dak verwerkt, terwijl de koeling uit de bodem wordt gehaald.

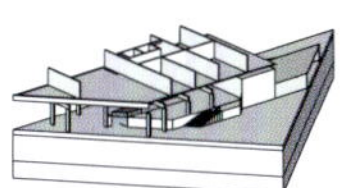

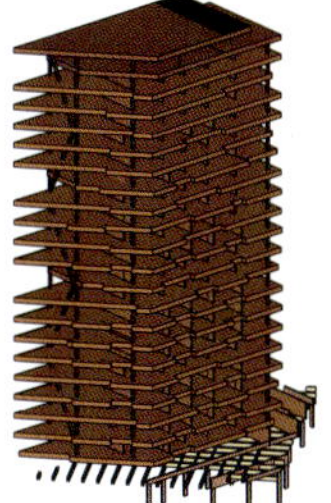

CENTRAAL STATION

ROTTERDAM CENTRAL STATION

Rotterdam, The Netherlands, 2014

Developed for the growing number of travellers and to boost the station district, the new public transportation terminal invites visitors with its dynamic structure, sitting distinctively on a large square. The hub and all facilities under the integral station roof offer a highly functional structure that is well integrated with the urban fabric. The project was realised in collaboration with Benthem Crouwel Architects, Meyer and Van Schooten, and West 8 Urban Design & Landscape Architecture.

Om een toenemend aantal reizigers te kunnen ontvangen en de stationsomgeving te revitaliseren, werd een nieuwe OV-terminal gebouwd, een opvallende en uitnodigende dynamische structuur op een groot plein. De hub en alle voorzieningen vormen een uiterst functioneel geheel onder één dak. Het gebouw is mooi geïntegreerd in het stedelijk weefsel. Het project werd gerealiseerd in samenwerking met Benthem Crouwel Architects, Meyer en Van Schooten, en West 8 Urban Design & Landscape Architecture.

Photos Jannes Linders

UNSTUDIO

Photo Eva Janssens

Ben van Berkel and Caroline Bos founded UNStudio in 1988. Today with an international team of 300 specialists in architecture, interior architecture, product design, urban development, and infrastructure projects, the practice operates from seven offices in Amsterdam, Shanghai, Hong Kong, Frankfurt, Dubai, Melbourne, and Austin. In their design process, it is essential to anticipate possible changes in the future as well as to consider all sustainability aspects from the outset of each project. Adaptive, future-proof, resilient, and fostering a healthy environment - this is the ultimate palette of qualities they believe each building should have. In seeking to reduce the impact of architecture on the environment, the studio develops construction methods that will require fewer resources. The architects' mission, as they describe it, is 'to design for lasting impact and contribute to the societal challenges of urbanisation, climate change, ageing populations and socioeconomic inequality'. The name, UNStudio, stands for United Network Studio, referring to the collaborative nature of the practice.

UNStudio werd in 1988 opgericht door Ben van Berkel en Caroline Bos. Vandaag werkt het bureau met een internationaal team van driehonderd specialisten op het gebied van architectuur, interieurarchitectuur, productontwerp, stedelijke ontwikkeling en infrastructuurprojecten, vanuit zeven kantoren in Amsterdam, Shanghai, Hongkong, Frankfurt, Dubai, Melbourne en Austin. In hun ontwerpproces is het cruciaal om toekomstige veranderingen te anticiperen en vanaf het begin van elk project oog te hebben voor alle aspecten van duurzaamheid. Adaptief, toekomstbestendig, veerkrachtig en een gezonde leefomgeving bevorderend - dit is het ultieme palet aan kwaliteiten dat elk gebouw volgens hen moet hebben. Om de impact van architectuur op het milieu te verminderen ontwikkelt het bureau bouwmethoden die minder hulpbronnen vereisen. De architecten omschrijven hun missie als 'ontwerpen met een blijvende impact en bijdragen aan de maatschappelijke uitdagingen van verstedelijking, klimaatverandering, vergrijzing en sociaaleconomische ongelijkheid'. De naam, UNStudio, staat voor 'United Network Studio' en verwijst naar de sfeer van samenwerking in de architectenpraktijk.

FELLENOORD 15

Eindhoven, The Netherlands, 2022

This revamp of the former Rabobank headquarters, preserving the original structure to reduce the CO_2 footprint, resulted in a cutting-edge and flexible government office building. 'Fellenoord is equipped with a very dense network of sensors and advanced applications that will significantly improve its post-occupancy building management,' explain the architects. The use of natural materials, geothermal heating and cooling, solar panels, and water-based climate ceilings ensure its sustainable optimisation.

Deze renovatie van het voormalige hoofdkantoor van de Rabobank, waarbij de oorspronkelijke structuur werd behouden om de CO_2-voetafdruk te verkleinen, heeft geresulteerd in een hypermodern en flexibel kantoorgebouw voor de overheid. 'Fellenoord is uitgerust met een zeer dicht netwerk van sensoren en geavanceerde toepassingen die het beheer van het gebouw na ingebruikname aanzienlijk zullen verbeteren', verklaren de architecten. Het gebruik van natuurlijke materialen, geothermische verwarming en koeling, zonnepanelen en klimaatplafonds op waterbasis zorgt voor een duurzame optimalisatie.

Photo Eva Janssens

ECHO

TU Delft, The Netherlands, 2022

The new interfaculty building for TU Delft houses education spaces, a dividable lecture hall, and study spots, as well as a restaurant. Its compact volume has been envisioned to flexibly adjust to current teaching methods and needs, today and in the future (including an easily demountable structure). Thanks to solar panels, smart installations, good insulation, and a heat and cold storage system, the building provides more energy than it needs to operate.

Het nieuwe interfacultaire gebouw van de TU Delft herbergt onderwijsruimten, een deelbare collegezaal, studiewerkplekken en een restaurant. Het compacte volume, inclusief een eenvoudig te demonteren structuur, is ontworpen om flexibel in te spelen op de huidige en toekomstige onderwijsmethoden en behoeften. Dankzij zonnepanelen, slimme installaties, goede isolatie en een warmte- en koudeopslagsysteem levert het gebouw meer energie dan het verbruikt.

Photo Eva Janssens

EZ PARQUE DA CIDADE

São Paulo, Brazil, 2024

Innovatively based on a rotating 'windmill'-shaped floor plan, these energy-efficient residential towers offer inhabitants three-sided views and optimal sun orientation, while preserving their privacy. The 244 residential units are complemented by entertainment and wellness & yoga lounges and several lush sky gardens. The gardens counterbalance the lack of green spaces in the city and are planted with species requiring minimal maintenance. All the common indoor and outdoor spaces encourage social interactions.

Die energiezuinige woontorens, ontworpen op een 'windmolenvormig' grondplan, bieden hun bewoners uitzicht aan drie zijden en optimale zonoriëntatie, terwijl hun privacy behouden blijft. Naast de 244 wooneenheden zijn er lounges voor ontspanning en wellness, yogaruimten en verscheidene weelderige daktuinen. Deze compenseren het gebrek aan groen in de stad en zijn beplant met soorten die weinig onderhoud vereisen. Alle gemeenschappelijke binnen- en buitenruimten zijn ontworpen om sociale interactie te stimuleren.

Photo Joana França

VAN HOOGEVEST ARCHITECTEN

Photo Jacqueline van Dam

Run by three generations, Van Hoogevest Architecten celebrated its centenary in 2009. The founder, Gijs van Hoogevest, launched the studio's illustrious history with a primary school project in de Bilt. Their focus on educational architecture was soon complemented by healthcare buildings. After the war, under the leadership of the founder's son, Teus van Hoogevest, the practice also gained recognition for many important restorations. This specialisation has been ambitiously pursued over the years by his son Gijsbert and daughter Carien van Hoogevest, who is an architectural historian. Speaking about their design process, the architects highlight a thorough analysis of the context in order to find the most valuable aspects, to preserve, restore, or strengthen the character of the place and space. Their main goal is 'to preserve and create the Dutch cultural heritage of today and of the future'. While the studio has renovated numerous notable architectural monuments, many of their buildings are now listed. With their headquarters in Amersfoort, the studio also operates from offices in Utrecht and The Hague.

In 2009 vierde Van Hoogevest Architecten, een familiebedrijf dat al drie generaties bestaat, zijn honderdjarig jubileum. Met een basisschoolproject in de Bilt legde de oprichter, Gijs van Hoogevest, de grondslag voor de indrukwekkende geschiedenis van het bureau. Behalve op onderwijsgebouwen focusten ze al spoedig op gebouwen voor de gezondheidszorg. Onder leiding van Teus van Hoogevest, de zoon van de stichter, verwierf het bureau na de oorlog ook erkenning voor vele belangrijke restauraties. Die specialisatie is door de jaren heen ambitieus voortgezet en uitgebouwd door zijn zoon Gijsbert en dochter Carien van Hoogevest, die architectuurhistorica is. In hun ontwerpproces leggen de architecten de nadruk op een grondige analyse van de context. Zo ontdekken ze wat waardevol is, zodat ze het karakter van de plek en de ruimte kunnen behouden, herstellen of zelfs versterken. Hun voornaamste doel is 'het behouden en creëren van het huidige en toekomstige Nederlandse culturele erfgoed'. Het bureau heeft talrijke opmerkelijke architectonische monumenten gerenoveerd, en vele daarvan zijn nu op de monumentenlijst geplaatst. Naast het hoofdkantoor in Amersfoort heeft het bureau ook een vestiging in Utrecht en Den Haag.

Photo Frank Hanswijk

GROTE KERK

Wageningen, The Netherlands, 2020

At the heart of Wageningen, the 'Great Church' has been carefully restored, from its roof to masonry repair. The refurbishment to make the building more sustainable included new floor heating and protectively glazed stained glass. In order to adapt the church for broad social and cultural use, the architects also added new functional spaces, like a striking glass and wood cube in the north aisle with the interior cladding made of the old wooden church benches, a cutting-edge combination of old and new.

Met het oog op een duurzaam behoud van de Grote Kerk in het centrum van Wageningen werd het gebouw integraal gerestaureerd, van het dak tot het metselwerk. Er werd vloerverwarming aangebracht en de gebrandschilderde ramen werden voorzien van een beschermende voorzetbeglazing. Om de kerk geschikt te maken voor een breed sociaal en cultureel gebruik, hebben de architecten ook nieuwe functionele ruimten toegevoegd, zoals een opvallende kubus in glas en hout in de noordbeuk, met binnenbekleding gemaakt van oude houten kerkbanken, een geavanceerde combinatie van oud en nieuw.

Photos Frank Hanswijk

BREDE SCHOOL KERCKEBOSCH

Zeist, The Netherlands, 2017

Located amid woodland scenery, the Brede School Kerckebosch is a complex of four connected volumes arranged in relation to the trees on the plot. The different roof shapes and ceramic tile, clad in the hue of the surrounding pine bark, harmonise the building with the landscape. Their goal was not to spoil the natural beauty of the location and for the students to benefit from the closeness to nature, also through the largely transparent walls.

De Brede School Kerckebosch, midden in een bosrijke omgeving gelegen, is een complex van vier verbonden volumes, die geplaatst zijn met respect voor de bomen op het perceel. De verschillende dakvormen en de bruinrode tint van de keramische dakpannen, die harmonieert met de schors van de omringende dennen, zorgen ervoor dat het gebouw mooi in het landschap opgaat. Het was de bedoeling om de natuurlijke schoonheid van de locatie niet aan te tasten en de leerlingen te laten profiteren van de nabijheid van de natuur, onder meer door de grotendeels transparante muren.

Photos Frank Hanswijk

RÉSIDENCE GOOILAND

Hilversum, The Netherlands, 2023

One of the architects' latest projects, a new complex of 50 apartments, gracefully fills the corner plot that borders the historical Grand Hotel Gooiland, designed by famous Dutch architect Jan Duiker in the 1930s. The curved walls, pierced regularly with high openings, are a prelude to the dynamic inner sides of the volume, with entrances arranged around rounded voids and curvaceous galleries highlighted by the much lower middle section. The architects used a stylish juxtaposition of materials – the ivory-white brick facade meets wooden cladding and aluminium railings and window frames.

Een van de recentste projecten van het bureau, een nieuw complex van 50 appartementen, vult op gracieuze wijze het hoekperceel dat grenst aan het historische Grand Hotel Gooiland, in de jaren 1930 ontworpen door de bekende Nederlandse architect Jan Duiker. De gebogen gevels, regelmatig doorbroken door hoge openingen, verraden al iets van de dynamische binnenkant van het volume met zijn sierlijke galerijen en entrees rond afgeronde vides, geaccentueerd door het veel lagere middengedeelte. De architecten gebruikten een stijlvolle combinatie van materialen: de ivoorwitte bakstenen gevel wordt verlevendigd door een houten bekleding en aluminium balustrades en raamkozijnen.

WE ARCHITECTEN

Photo WE architecten

The Amsterdam-based office was founded in 2009 by Wouter van Alebeek and Erik de Vries. The scope of their projects ranges from buildings design to large-scale area developments. The team designs a variety of buildings that share responsiveness to the context and a characterful architectural language. Approaching each commission with concepts that are far from obvious, the architects arrive at unexpected and highly expressive spaces. Sustainability is another important aspect of their work. Aiming to reduce waste, design energy-neutral buildings, and respect the green environment are vital in all of their projects. The last of these is realised through the smooth connections between their buildings and the natural surroundings in a way that supports local flora and fauna as well as enhancing the experience of the architecture. The studio's continuous research focuses on circular constructions and the 'WE-space': the space where people can meet each other and connect with nature. Last but not least, at the core of the designs are both the needs and the quality of life of future residents or users, who often play an active role in the process.

Het in Amsterdam gevestigde bureau werd in 2009 opgericht door Wouter van Alebeek en Erik de Vries. De scope van hun projecten gaat van kleinere gebouwen tot grootschalige ontwikkelingsprojecten. Het team ontwerpt een verscheidenheid ann gebouwen die gekenmerkt worden door responsiviteit met de context en de karakteristieke architectonische taal. Door elke opdracht te benaderen met concepten die allesbehalve voor de hand liggen, komen de architecten tot onverwachte en zeer expressieve ruimten. Duurzaamheid is een ander belangrijk aspect van hun werk. Het verminderen van afval, het ontwerpen van energieneutrale gebouwen en het respecteren en integreren van de groene omgeving zijn essentieel in al hun projecten. Dit laatste wordt gerealiseerd door de verbindingen tussen hun gebouwen en de natuurlijke omgeving, op een manier die de lokale flora en fauna ondersteunt en tegelijkertijd de beleving van de architectuur versterkt. Het voortdurende onderzoek van het bureau richt zich op circulaire constructies en de 'WE-space': de ruimte waar het gaat om de ontmoeting van mensen onderling en de connectie tussen mens en natuur. Centraal in de ontwerpen staan ten slotte de behoeften en de levenskwaliteit van toekomstige bewoners of gebruikers, die vaak een actieve rol spelen in het ontwerpproces.

LLOYD YARD

Rotterdam, The Netherlands, 2024

In this ambitious residential complex project, envisioned together with Paul de Ruiter Architects and ZUS, WE architecten highlights the reference to the site's history as a port. The buildings are robust and unpolished, as permeable blocks anchored in their surroundings. The spacious homes, often double-height with large windows, reinforce this character. The eye-catching 'Maaswindow' is a big opening in the facade, that offers a phenomenal view of the Maas and is accessible to all residents.

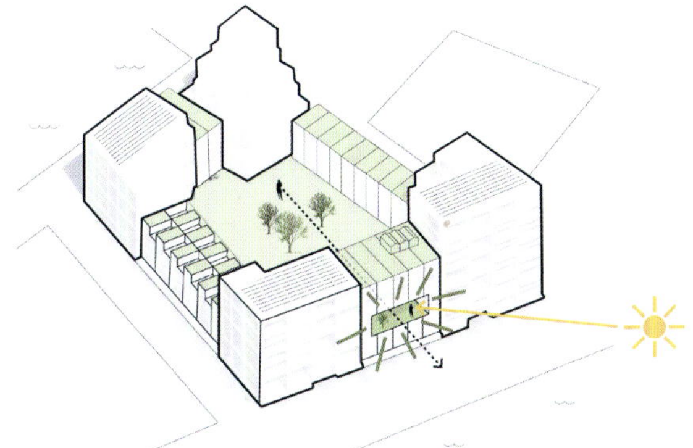

In het ontwerp voor dit ambitieuze wooncomplex, dat in samenwerking met Paul de Ruiter Architects en ZUS werd ontwikkeld, benadrukt WE architecten de verwijzing naar de geschiedenis van de locatie als haven. De gebouwen zijn robuust en ongepolijst, en tegelijkertijd permeabel. De ruime woningen, vaak dubbelhoog en met grote ramen, versterken dit. Het 'Maasvenster' springt in het oog: het is een grote opening in de gevel die voor alle bewoners toegankelijk is en een onovertroffen uitzicht over de Maas biedt.

Photo Paul Swagerman

AMSTELLOFT

Amsterdam, The Netherlands, 2016

Amstelloft is a collective DIY housing project, where the residents were part of the design process and had the freedom to plan their 5.5-metre-high living spaces. The concrete structure has been designed in a flexible way, so it will also be easily adaptable in the future, ranging from open-space lofts to four-bedroom apartments. The striking façade, with its fancifully arched openings and large outdoor spaces, provides ample natural light inside as well as panoramic vistas of the Amstel River.

Amstelloft is een project van collectief particulier opdrachtgeverschap, waarbij de toekomstige bewoners betrokken waren bij het ontwerpproces en de vrijheid hadden om hun 5,5 meter hoge woonruimten zelf in te delen. De betonnen structuur is flexibel ontworpen zodat het gebouw in de toekomst eenvoudig kan worden aangepast, van open lofts tot vierkamerappartementen. De opvallende gevel met zijn speels gebogen openingen en riante buitenruimten zorgt voor overvloedig natuurlijk licht en panoramische uitzichten over de Amstel.

Photo Filip Dujardin

Photo Filip Dujardin

WARMTEHUB

Rotterdam, The Netherlands, 2014

The Warmtehub consists of a heat transfer station and a buffer tank, which are embraced by a Corten steel roof folding into a framing wall. The architects turned this purely industrial building, an active part of the city heating system (each passerby can peek inside through a large window in the main volume's side) into a public space with a spectacular harbour view. Their original concept initiates the transformation of the whole district along the Maas River into a living and working area.

De Warmtehub bestaat uit een warmteoverslagstation en een buffertank, gevat in een robuust gevouwen dak en wand in geprofileerde platen van cortenstaal. De architecten hebben dit puur industriële gebouw, een actief onderdeel van het stedelijk warmtenet (elke voorbijganger kan door een groot venster aan de straatkant van het hoofdvolume naar binnen kijken) omgetoverd tot een publieke ruimte met een spectaculair gezicht op de haven. Dit originele concept geeft de aanzet tot de transformatie van het hele district langs de Maas tot een woon- en werkgebied.

WIEL ARETS ARCHITECTS

Photo Ineke Oostveen

Wiel Arets decided to focus on architecture after completing engineering school in Heerlen. After extensive studies, he established his own office, Wiel Arets Architects (WAA), in Heerlen in 1984 (the practice moved to Maastricht in 1997). Today, the studio also has branches in Germany and Switzerland. Their architectural practice extends into product design, education, and publishing. With typologies ranging from multi residential houses to single-family homes, from office to educational buildings, the studio realises projects throughout Europe, North America, and Asia. The designs are striking thanks to their expressive geometry and tactile outer shells. Renovations, often connected to contemporary extensions and combining old and new, are yet another interesting aspect of WAA's work. According to the architects' statement, the studio's 'architecture and design emerges from research and a balance of hybrid programming solutions, which adapt to and anticipate future contextual change'.

Wiel Arets ging zich op architectuur focussen na een engineering opleiding in Heerlen. Na een uitgebreide opleiding richtte hij in 1984 zijn eigen bureau op, Wiel Arets Architects (WAA), in Heerlen (in 1997 verhuisde het bureau naar Maastricht). Vandaag heeft het bureau ook vestigingen in Duitsland en Zwitserland. Het architectuur- en ontwerpwerk van WAA reikt tot het onderwijs en de uitgeverij. Het bureau realiseert projecten in heel Europa, Noord-Amerika, Azië en Afrika, met typologieën gaande van meergezinswoningen tot eengezinswoningen, van kantoor- tot onderwijsgebouwen. Hun werk wordt gekenmerkt door een expressieve geometrie en tactiele buitenschalen. Opvallend zijn ook hun renovaties die vaak samengaan met hedendaagse uitbreidingen waarbij oud- en nieuwbouw in schril contrast staan. De architect verklaart: 'De architectuur en het ontwerpwerk van het bureau komen voort uit onderzoek en een evenwicht van hybride programmering, wat leidt tot oplossingen die zich aanpassen aan en anticiperen op toekomstige contextuele veranderingen.'

VAN DER VALK HOTEL

Amsterdam, The Netherlands, 2020

Located in Zuidas, Amsterdam's main business district, the hotel building sits close to the highway encircling the city. Its dynamic volume, also housing a conference centre and restaurants, fits into the triangular plot, which allows for interesting and unique views from each room.

Het hotel ligt in de wijk Zuidas, het belangrijkste zakendistrict van Amsterdam, dicht bij de ringweg. Het dynamische volume van het gebouw, waarin ook een conferentiecentrum en restaurants gevestigd zijn, past op een driehoekig perceel. Dat zorgt voor interessante en unieke uitzichten vanuit elke kamer.

Photo Jan Bitter

Photos Jan Bitter

EUROPAALLEE 'SITE D'

Zürich, Switzerland, 2020

This mixed-use building combines a retail programme in the plinth, which visually anchors the structure to the site, with office spaces in the eight-storey tower, wrapped around a multilevel exterior courtyard. The complicated yet flexible structure has been envisioned to allow a possible conversion into future residential units. Its rhythmically arranged façades are made of polished concrete with Carrara marble.

Dit gebouw voor gemengd gebruik heeft winkel- en horecaruimten in de plint, die de architectuur visueel verankert in de omgeving. Daarboven verrijzen acht verdiepingen met flexibele kantoorruimten in twee torens rondom een binnenplaats met meerdere niveaus. De complexe maar flexibele structuur werd zo ontworpen dat een transformatie tot woonbestemming mogelijk is. De strak geritmeerde gevels zijn van gepolijst beton met carraramarmer.

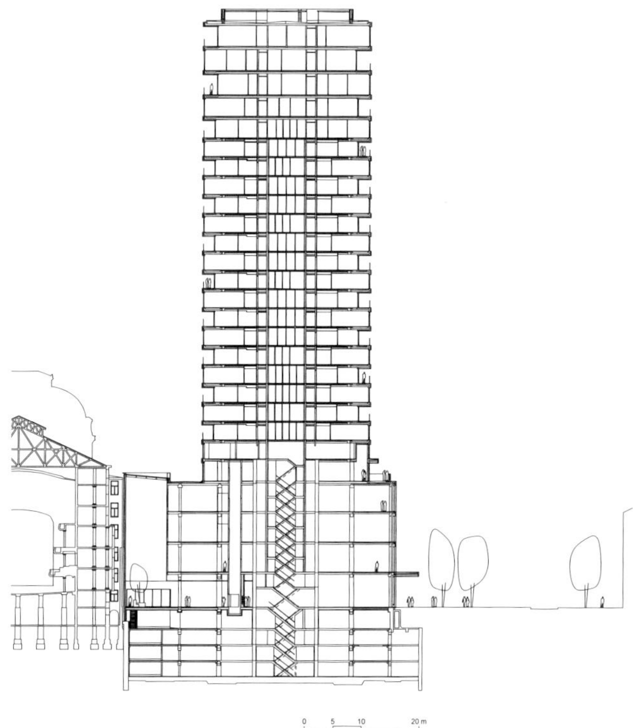

ANTWERP TOWER

Antwerp, Belgium, 2021

Right next to the Flemish Opera, Antwerp Tower is a typologically diverse high-rise embracing housing, a hotel, offices, restaurants, and retail programmes. Originally constructed in the 1970s and historically dedicated to office space, the tower required a major renovation and was transformed into mainly residential spaces. The extension of the original, diamond-like floor plan allows for loggia's in each of the 240 apartments.

Antwerp Tower, vlak naast Opera Antwerpen, is een typologisch diverse hoogbouw die naast woningen ook een hotel, kantoren, restaurants en winkels omvat. De toren, die in de jaren 70 werd opgetrokken als kantoorbuilding, was aan een grote renovatie toe en werd hertekend tot een gebouw met voornamelijk appartementen. De uitbreiding van de originele diamantvormige plattegrond maakt een loggia mogelijk in elk van de 240 wooneenheden.

Photo Jan Bitter

ZJA ARCHITECTS & ENGINEERS

Ilka Schumacher/ZJA Architects & Engineers

The story of the Amsterdam-based studio goes back to 1990 when Moshé Zwarts and Rein Jansma established the office Zwarts & Jansma Bureau for architecture and product development. Today ZJA is a team of 50 architects, engineers, researchers, and inventors led by Rob Torsing, Reinald Top, Ralph Kieft, Erik Smits, and Kay Oosterman. Their projects realised both in the Netherlands and abroad focus on three main domains – infrastructure, sports, and leisure. For ZJA, the objective of architecture is to improve the quality of the environment, not only focusing on the natural landscape but also on architecture's role in society. While designing, the architects favour advanced solutions, including computational design and AI. Testing and researching new methods and materials, as well as various extensive collaborations, are also a strong part of their creative process. Their goal is to combine technology, aesthetics, and – last but not least – sustainability. Highly aware of the discipline's environmental footprint, the team envisions buildings to reduce their impact through optimal volumes, the use of materials, and management of energy and CO_2 emissions.

Het verhaal van dit Amsterdamse bureau begint in 1990 met de oprichting van Zwarts & Jansma Bureau voor architectuur en productontwikkeling door Moshé Zwarts en Rein Jansma. Tegenwoordig is ZJA een team van 50 architecten, ingenieurs, onderzoekers en ontwerpers onder leiding van Rob Torsing, Reinald Top, Ralph Kieft, Erik Smits en Kay Oosterman. Hun projecten, zowel in Nederland als daarbuiten, richten zich op drie hoofddomeinen: infrastructuur, sport en vrije tijd. Voor ZJA is het doel van architectuur het verbeteren van de kwaliteit van de omgeving, waarbij niet alleen gefocust wordt op het natuurlijke landschap, maar ook op de rol van architectuur in de samenleving. Bij het ontwerpen geven de architecten de voorkeur aan geavanceerde oplossingen, waaronder AI en ontwerpen met behulp van computertechnologie. Het testen en onderzoeken van nieuwe methoden en materialen, evenals diverse uitgebreide samenwerkingen, vormen een belangrijk onderdeel van hun creatieve proces. Hun doel is om technologie, esthetiek en – niet in de laatste plaats – duurzaamheid te combineren. Het team is zich sterk bewust van de ecologische voetafdruk van architectuur en streeft er daarom naar de impact van hun gebouwen te minimaliseren door middel van optimale volumes, efficiënt materiaalgebruik en beheersing van energiegebruik en CO_2-uitstoot.

VENUE BUILDING SILT

Middelkerke, Belgium, 2024

This complex development is integrated in an artificial dune and was designed not only to reinforce the sea embankment of Middelkerke but also to make it a car-free district, through the hidden underground car park. The new multipurpose building integrates various functions as a social and cultural meeting spot, combined with a casino and a hotel tower. Its organically shaped volume echoes the natural beauty of the surrounding sea landscape. The design was envisioned by a collaboration between developer Debuild, ZJA Architects & Engineers, DELVA Landscape Architecture & Urbanism, OZ and Bureau Bouwtechniek, among others part of the Nautilus consortium.

Dit complexe bouwproject is geïntegreerd in een kunstmatig duin en ontworpen om niet alleen de zeewering van Middelkerke te versterken, maar ook om een autovrije zone te creëren door middel van een verborgen ondergrondse parkeergarage. Het nieuwe multifunctionele gebouw verenigt diverse functies als sociale en culturele ontmoetingsplek, gecombineerd met een casino en een hoteltoren. Het organisch gevormde volume weerspiegelt de natuurlijke schoonheid van het omliggende kustlandschap. Het ontwerp kwam tot stand dankzij een samenwerking tussen ontwikkelaar Debuild, ZJA Architects & Engineers, DELVA Landscape Architecture & Urbanism, OZ en Bureau Bouwtechniek, die allen deel uitmaken van Bouwteam Nautilus.

Photo Stefan Steenkiste

Photo Stefan Steenkiste

Photo ZJA Architects & Engineers

EXTENDED WAAL BRIDGE

Nijmegen, The Netherlands, 2015

As part of the plan 'Make Room for the Waal', previewing the infrastructure that will be needed for the rising river's flood-resistant future, the studio constructed a new concrete bridge in a sculptural shape informed by the flow of the river. This perfectly functional structure based on four spans supports a wide road for cars, bikes, and pedestrians and is highly aesthetic, enhanced by the play of light on its surface as well as reflections in the water.

Als onderdeel van het plan 'Ruimte voor de Waal', dat vooruitblikt op de infrastructuur die nodig zal zijn om het hoofd te bieden aan het stijgende water van de rivier, ontwierp het bureau een nieuwe betonnen brug met een sculpturale vorm, geïnspireerd door de stroming van het water. Deze perfect functionele constructie, bestaande uit vier overspanningen, draagt een brede weg voor auto's, fietsers en voetgangers en is een esthetisch hoogstandje, versterkt door het spel van licht op het oppervlak en de reflecties in het water.

LIGHTRAILSTATION

The Hague, The Netherlands, 2016

For the development of The Hague Central Station, ZJA envisioned a striking spacious Lightrailstation. At the heart of the creative process was envisioning a spatial roof structure with the implementation of parametric designtools. The challenge was to create a construction that would fit into the already very busy district and accommodate the steadily rising number of passengers in a way that would combine great functionality, exceptional aesthetics, and the users' comfort.

Voor de ontwikkeling van station Den Haag Centraal ontwierp ZJA een opvallend ruim lightrailstation. De kern van het creatieve proces was het bedenken van een ruimtelijke dakstructuur met behulp van parametrische ontwerptools. De uitdaging was om een constructie te creëren die zou passen in de al drukke omgeving, en tegelijkertijd een prettige en efficiënte doorgang te bieden aan de groeiende stroom reizigers.

Photo Bart van Hoek

INDEX OF BUILDINGS

ATELIER PRO ARCHITEKTEN
PAGES 18-25

VOSHOLEN CHILD CENTRE

OFFICE EDGE STADIUM

THE BRITISH SCHOOL OF AMSTERDAM

BARCODE ARCHITECTS
PAGES 26-33

BARTOK

THE MUSE AND CASANOVA

SLUISHUIS

BEDAUX DE BROUWER ARCHITECTEN
PAGES 34-37

MUSEUM SINGER LAREN

KANTONGERECHT

ENGELSE PARK

BENTHEM CROUWEL ARCHITECTS
PAGES 38-45

DUTCH CHARITY LOTTERIES OFFICE BUILDING

MUSEUM ARNHEM

ING OFFICE CEDAR

DE ZWARTE HOND
PAGES 76-81

ALLIANDER WESTPOORT

REGULATEUR

KINDCENTRUM ZUIDERKROON

DERKSEN | WINDT ARCHITECTEN
PAGES 82-87

WOODEN HOUSE

CONCRETE SPLIT-LEVEL HOUSE

INDUSTRIAL BUILDING

DIEDERENDIRRIX
PAGES 88-93

VAN GOGH VILLAGE MUSEUM

DOMUSDELA

PICUSKADE

DOK ARCHITECTEN
PAGES 94-99

THE GEORGE

CAR PARK KATWOLDERPLEIN

THE WAVE

FARO

FACTORY

FLORIS

LAURIER-KWARTIER

GROUP A

CENTRAL PARK

KEILEPAND M4H

SMEDERIJ NDSM

HILBERINKBOSCH ARCHITECTEN

UPSTAIRS

TELEVISION PICTURE TUBE FACTORY

FORT ISABELLA

HOFMANDUJARDIN

ING CEDAR

VILLA TONDEN

REMBRANDT PARK ONE

INBO

PAGES 128-133

KAS & CO

SOLID 1C

KAAN ARCHITECTEN

PAGES 134-137

AMSTERDAM COURTHOUSE

CREMATORIUM SIESEGEM

KCAP

PAGES 138-143

RED APPLE

NEW TIME

THE GRID

LEVS ARCHITECTEN

PAGES 144-149

STEPSTONE

DE BOCHT

HARBOUR CLUB

MARCEL LOK_ARCHITECT

MECANOO

MVRDV

MVSA ARCHITECTS

NEUTELINGS RIEDIJK ARCHITECTS

NEXT ARCHITECTS

OFFICE WINHOV

OMA

ORANGE ARCHITECTS
PAGES 202-209

S-WEST

JONAS

HOLIDAY HOME

PAUL DE RUITER ARCHITECTS
PAGES 210-217

LANGEVELD BUILDING / ERASMUS UNIVERSITY

LLOYD YARD

POWERHOUSE COMPANY
PAGES 218-225

BUNKER TOWER

FLOATING OFFICE ROTTERDAM (FOR)

LOOP OF WISDOM

RENÉ VAN ZUUK ARCHITECTS
PAGES 226-233

PRINS CLAUS BRIDGE

SUYDERSEE-BOULEVARD

BELVEDERE RESIDENTIAL TOWER

RONALD JANSSEN ARCHITECTEN (RJA)

PAGES 234-239

VILLA F28

SIMONSZ

DE TANDWIELEN-FABRIEK

SPACE&MATTER

PAGES 240-247

DE CEUVEL

SCHOONSCHIP

WIJ_LAND

TEAM V

PAGES 248-253

HOUSE OF PROVINCE

HAUT

ROTTERDAM CENTRAL STATION

UNSTUDIO

PAGES 254-259

FELLENOORD 15

ECHO

EZ PARQUE DA CIDADE

VAN HOOGEVEST ARCHITECTEN

PAGES 260-265

GROTE KERK

BREDE SCHOOL KERCKEBOSCH

RÉSIDENCE GOOILAND

WE ARCHITECTEN

PAGES 266-269

LLOYD YARD

AMSTELLOFT

WARMTEHUB

WIEL ARETS ARCHITECTS

PAGES 270-275

VAN DER VALK HOTEL

EUROPAALLEE 'SITE D'

ANTWERP TOWER

ZJA ARCHITECTS & ENGINEERS

PAGES 276-281

VENUE BUILDING SILT

EXTENDED WAAL BRIDGE

LIGHTRAILSTATION

ATELIER PRO ARCHITEKTEN
www.atelierpro.nl

Kerkhoflaan 11a, 2585 JB Den Haag

BARCODE ARCHITECTS
www.barcodearchitects.com

Scheepmakershaven 56-58, 3011 VD Rotterdam

BEDAUX DE BROUWER ARCHITECTEN
www.bedauxdebrouwer.nl

Stadhuisplein 75E, 5038 TB Tilburg

BENTHEM CROUWEL ARCHITECTS
www.benthemcrouwel.com

Verrijn Stuartweg 14, 1112 AX Diemen NL

BRIGHTSIDE ARCHITECTS
www.brightside.nu

Goudsesingel 230, 3011 KE Rotterdam

CIVIC ARCHITECTS
www.civicarchitects.eu

Donauweg 10, 1043 AJ, Amsterdam

CONCRETE AMSTERDAM
www.concreteamsterdam.nl

Oudezijds Achterburgwal 78a, 1012 DR Amsterdam NL

DE ARCHITEKTEN CIE.
www.cie.nl

Klaprozenweg 75A, 1033 NN Amsterdam

DE ZWARTE HOND
www.dezwartehond.nl

Hoge der A 11, 9712 AC Groningen

DERKSEN | WINDT ARCHITECTEN
www.derksenwindtarchitecten.nl

Van Nelleweg 1, Rotterdam

DIEDERENDIRRIX
www.diederendirrix.nl

Dommelstraat 11, 5611 CJ Eindhoven

DOK ARCHITECTEN
www.dokarchitecten.nl

Lauriergracht 12-H, 1016 RL Amsterdam

FARO
www.faro.nl

Landgoed de Olmenhorst, Lisserweg 487d | 2165 AS, Lisserbroek

GROUP A
www.groupa.nl

Keilestraat 9F, 3029 BP Rotterdam

HILBERINKBOSCH ARCHITECTEN
www.hb-a.nl

Wamberg 5, 5258 SM Berlicum

HOFMANDUJARDIN
www.hofmandujardin.nl

Verrijn Stuartweg 34, 1112 AX Diemen

INBO
www.inbo.com

Koningin Wilhelminaplein 29, 1062 HJ Amsterdam

KAAN ARCHITECTEN
www.kaanarchitecten.com

Boompjes 255, 3011 XZ Rotterdam

KCAP
www.kcap.eu

Piekstraat 27, 3071 EL Rotterdam

LEVS ARCHITECTEN
www.levs.nl

Cruquiusweg 111D, 1019 AG Amsterdam

MARCEL LOK_ARCHITECT
www.marcellok.nl
Levantkade 67, NL-1019 MJ Amsterdam

MECANOO
www.mecanoo.nl
Oude Delft 203, 2611 HD Delft

MVRDV
www.mvrdv.com
Achterklooster 7, 3011 RA Rotterdam NL

MVSA ARCHITECTS
www.mvsa-architects.com
Moermanskkade 600, 1013 BC Amsterdam

NEUTELINGS RIEDIJK ARCHITECTEN
www.neutelings-riedijk.com
P.O. Box 527, 3000 AM, Rotterdam NL

NEXT ARCHITECTS
www.nextarchitects.com
Paul van Vlissingenstraat 2A, 1096 BK Amsterdam

OFFICE WINHOV
www.winhov.nl
Johan van Hasseltweg 2 E1, 1022WV Amsterdam

OFFICE FOR METROPOLITAN ARCHITECTURE (OMA)
www.oma.com
Weena-Zuid 158, 3012 NC Rotterdam

ORANGE ARCHITECTS
www.orangearchitects.nl
Kipstraat 52, 3011 RT Rotterdam

PAUL DE RUITER ARCHITECTS
www.paulderuiter.nl
Valschermkade 36D, 1059 CD Amsterdam

POWERHOUSE COMPANY
www.powerhouse-company.com
Antoine Platekade 1000, 3072 ME Rotterdam

RENÉ VAN ZUUK ARCHITECTS
www.renevanzuuk.nl
De Fantasie 9, 1324 HZ Almere

RONALD JANSSEN ARCHITECTEN (RJA)
www.ronaldjanssen.eu
Ellermanstraat 33-2, 1114 AK Amsterdam-Duivendrecht

SPACE&MATTER
www.spaceandmatter.nl
Johan van Hasseltkade 306, 1032 LP Amsterdam

TEAM V
www.teamv.nl
Asterweg 15L, 1031 HL Amsterdam

UNSTUDIO
www.unstudio.com
Stadhouderskade 113, 1073 AX Amsterdam

VAN HOOGEVEST ARCHITECTEN
www.vanhoogevest.nl
Westsingel 9, 3811 BA Amersfoort

WE ARCHITECTEN
www.wearchitecten.nl
Leen Jongewaardkade 31, 1031 HS Amsterdam

WIEL ARETS ARCHITECTS
www.wielaretsarchitects.com
De Lairessestraat 41, 1071 NS Amsterdam

ZJA ARCHITECTS & ENGINEERS
www.zja.nl
Pedro de Medinalaan 7, NL-1086 XK, Amsterdam

ABN-AMRO
VICTORIA
Travelex

KORF
artotel
artotel

M

CREDITS

Front cover: Naturalis Biodiversity Center, Leiden, The Netherlands, 2019 © Neutelings Riedijk Architecten © VG Bild-Kunst, Bonn 2025, Photo © Scagliola Brakkee;
Back cover: Holland Dafang Creative Village, Dafang, China, 2020 © NEXT architects, Photo © Xiao Kaixiong and He Wentao;

pp. 2, 13-14 © Getty Images for Unsplash+;
pp. 4-5, 6-7 © Igor Passchier / Pexels;
pp. 8-9 © Wolf&photography / Alamy Stock Photo;
p. 10 © Bingqian Li / Pexels;

pp. 18-25 Projects © atelier PRO architecten, Photos: p. 18 © Mădălina Băghiceanu, p. 19 © Petra Appelhof, pp. 20-25 © Eva Bloem, Drawings p. 24 © atelier PRO architecten;
pp. 26-33 Projects © Barcode Architects, Photos: pp. 26, 30 © Barcode Architects, p. 27 © Christian Maijstre, pp. 28-29, 31 top and bottom, p. 33 © Hans Wilschut, pp. 32-33 © Ossip van Duivenbode;
pp. 34-37 Projects © Bedaux de Brouwer Architecten, Photos: p. 34 © Bedaux de Brouwer Architecten, p. 35 © Karin Borghouts, p. 36 © René de Wit, p. 37 © Michel Kievits, Plans pp. 35, 37 © Bedaux de Brouwer Architecten;
pp. 38-45 Projects © Benthem Crouwel Architects, Photos: p. 38 © Maarten van Schaik, pp. 39-45 © Jannes Linders;
pp. 46-53 Projects © Brightside Architects, Photos: p. 46 © Emiel Lops, pp. 47-53 © Ossip van Duivenbode, Drawings p. 49 © Brightside Architects;
pp. 54-59 Projects © CIVIC Architects, Photos: p. 54 © Dik Nicolai, p. 55 © Marije Kuiper, pp. 56-57 © David Borland-VIEW / Alamy Stock Photo, p. 58 © Mike Bink, Drawings pp. 55, 56, 59 © CIVIC Architects;
pp. 60-67 Projects © Concrete Amsterdam, Photos: p. 60 © Concrete Amsterdam, p. 61 © Raimund Koch, pp. 62-65 © Ewout Huibers, pp. 66-67 © Isabel Nabuurs;
pp. 68-75 Projects © De Architecten Cie., Photos: p. 68 top left © Charlene Goud, all others © Ernst van Raaphorst, p. 69 © Your Captain Luchtfotografie, pp. 70-75 © Ernst van Raaphorst;
pp. 76-81 Projects © De Zwarte Hond, Photos: p. 76 © De Zwarte Hond, pp. 77-81 © Eva Bloem, Drawings pp. 79, 80, 81 © De Zwarte Hond;
pp. 82-87 Projects © derksen | windt architecten, Photos: p. 82 © derksen | windt architecten, pp. 83-87 © René de Wit;
pp. 88-93 Projects © diederendirrix, Photos: p. 88 © diederendirrix, pp. 89-91 © Ossip van Duivenbode, pp. 92-93 © Mitchell van Eijk, Drawing p. 90 © diederendirrix;
pp. 94-99 Projects © Dok architecten, Photos: p. 94 © Dok architecten, 95 © Igor Passchier / Pexels, pp. 96-97, 98-99 © Arjen Schmitz, Aquarel p. 97 © Liesbeth van der Pol;
pp. 100-107 Projects © FARO, Photos: p. 100 © FARO, pp. 101-107 © Hans Peter Föllmi / IC4U;
pp. 108-113 Projects © GROUP A, Photos: p. 108 © Ronald Tilleman, p. 109 © Jordi Huisman, pp. 110-111 © Frank Hanswijk, pp. 112-113 © Marcel van der Burg, Drawings pp. 109, 110, 112 © GROUP A;
pp. 114-119 Projects © HilberinkBosch Architecten, Photos: p. 114 © Martin Wengelaar, pp. 115-119 © Réne de Wit, Plan and drawing pp. 117, 119 © HilberinkBosch Architecten;
pp. 120-127 Projects © HofmanDujardin, Photos: p. 120 © Anne Timmer, pp. 121-127 © Matthijs van Roon;
pp. 128-133 Projects © INBO, Photos: p. 128 © Janus van den Eijnden, pp. 129-131 © Rufus de Vries, pp. 132-133 © Charlotte Bogaert, Drawing p. 129 © INBO;
pp. 134-137 Projects © KAAN Architecten, Photos: p. 134 © Titia Hahne, p. 135 © Simone Bossi, pp. 136-137 © Fernando Guerra-VIEW / Alamy Stock Photo;
pp. 138-143 Projects © KCAP, Photos: p. 138 © Boudewijn Bollmann, pp. 139, 142-143 © Ossip van Duivenbode, pp. 140-141 © Alexandre Soria, Drawings pp. 140, 143 © KCAP;
pp. 144-149 Projects © LEVS architecten, Photos: pp. 144, 148, 149 © LEVS architecten, pp. 145, 146, 147 © Ossip van Duivenbode;
pp. 150-157 Projects © MARCEL LOK_ARCHITECT, Photos: p. 150 © Tim Stet, pp. 151-153 © MaxHartNibbrig, pp. 154-157 © LuukKramer;
pp. 158-165 Projects © Mecanoo, Photos: p. 158 © Mecanoo, pp. 159-161 © Ethan Lee, pp. 162, 163 © Ossip Architectuurfotografie, pp. 164-165 © Greg Holmes Photography;
pp. 166-171 Projects © MVRDV © VG Bild-Kunst, Bonn 2025, Photos: p. 166 © Erik Smits, pp. 167-169 © Jason O'Rear, p. 170 © Ossip van Duivenbode, p. 171 © Lukas Drobny;
pp. 172-177 Projects © MVSA Architects, Photos: p. 172 © Suitable Images, p. 173 © Marcel Steinbach, p. 174 © Ronald Tilleman, pp. 176-177 © Joni Isreali, Drawing p. 173 © MVSA Architects;
pp. 178-181 Projects © Neutelings Riedijk Architecten © VG Bild-Kunst, Bonn 2025, Photos: p. 178 © Ronald Schlundt Bodien © Neutelings Riedijk Architects © VG Bild-Kunst, Bonn 2025, p. 179 © Filip Dujardin © VG Bild-Kunst, Bonn 2025, p. 180 © Scagliola Brakkee, 181 © Sarah Blee © VG Bild-Kunst, Bonn 2025;
pp. 182-189 Projects © NEXT architects, Photos: p. 182 © NEXT architects, p. 183 © Jeroen Musch, pp. 184-185 © Loes van Duijvendijk, pp. 186-189 © Xiao Kaixiong and He Wentao, Drawing p. 184 © NEXT architects;
pp. 190-195 Projects © Office Winhov, Photos: p. 190 © Office Winhov, pp. 191-195 © Stefan Müller;
pp. 196-201 Projects © OMA © VG Bild-Kunst, Bonn 2025, Photos: p. 196 © Photo by Arthur Wong for OMA, p. 197 © Photo by Hong Sung Jun, courtesy OMA, p. 198 © Tony Vingerhoets / Alamy Stock Photo, p. 200-201 © Photo by Kevin Mak, courtesy OMA;
pp. 202-209 Projects © Orange Architects, Photos: p. 202 © Orange Architects, pp. 203, 204, 205 top and bottom, 206-207 bottom, 208, 209 © Sebastian van Damme, p. 207 top © Stijn Poelstra;
pp. 210-217 Projects © Paul de Ruiter Architects, Photos: pp. 210-217 © Aiste Rakauskaite;
pp. 218-225 Projects © Powerhouse Company, Photos: p. 218 all © Casper Rila, p. 219 © Anna Odulińska, pp. 220-221 © Marcel Ijzerman, pp. 222-225 © Jonathan Leijonhufvud;
pp. 226-233 Projects © René van Zuuk Architects, Photos: p. 226 © Maarten Feenstra, pp. 227-233 © René van Zuuk Architects;
pp. 234-239 Projects © Ronald Janssen Architecten (RJA), Photos: p. 234 © Willem van den Hoed, pp. 235-237 © Mario Moreno, p. 238 © Simone Bossi, p. 239 © Luuk Kramer, Plan p. 235 © Ronald Janssen Architecten (RJA);
pp. 240-247 Projects © Space&Matter, Photos: p. 240 © Tom Kolnaar, p. 241 © Martijn van Wijk, pp. 242, 243 © Alan Jensen, pp. 244-247 © Marcel van der Burg;
pp. 248-253 Projects © Team V, Photos: p. 248 © Ineke Oostveen, pp. 249-253 © Jannes Linders, Drawing p. 251 © Team V;
pp. 254-259 Projects © UNStudio (UN STUDIO VAN BERKEL & BOS) © VG Bild-Kunst, Bonn 2025, Photos: pp. 254-257 © Eva Janssens, p. 259 © Joana França;
pp. 260-265 Projects © Van Hoogevest Architecten, Photos: p. 260 © Jacqueline van Dam, pp. 261-265 © Frank Hanswijk;
pp. 266-269 Projects © WE architecten, Photos: p. 266 © WE architecten, p. 267 © Paul Swagerman, pp. 268, 269 © Filip Dujardin © VG Bild-Kunst, Bonn 2025, Drawing p. 267 © WE architecten;
pp. 270-275 Projects © Wiel Arets Architects, Photos: p. 270 © Ineke Oostveen, pp. 271-274 © Jan Bitter, Drawing p. 275 © Wiel Arets Architects;
pp. 276-281 Projects © ZJA Architects & Engineers, Photos: p. 276 © Ilka Schumacher/ZJA Architects & Engineers, pp. 277-279 © Stefan Steenkiste, p. 280 © ZJA Architects & Engineers, p. 281 © Bart van Hoek;

Index pp. 284-293 All copyrights as mentioned above.

pp. 296-297 © Jimmy K / Pexels;
pp. 298-299 © Ben Koorengevel / Unsplash;
pp. 300-301 © Stijn Hanegraaf / Unsplash;
p. 303 © Daniel Stiel / Unsplash.

TEXT & CONCEPT
Fancy Books Packaging

GRAPHIC DESIGN BOOK
Fancy Books Packaging

GRAPHIC DESIGN COVER
ABS - Atelier Sven Beirnaert

DUTCH TRANSLATION
Irene Smets

EDITING
English: Allison Silver Adelman
Dutch: Sofie Renier

D/2025/45/268 - NUR 648/640
ISBN: 978 94 014 0875 2
www.lannoo.com